idées
reçues

La Schizophrénie

idées
reçues

La Schizophrénie

Bernard Granger & Jean Naudin

Santé & Médecine

Le Cavalier Bleu
EDITIONS

Bernard Granger : Professeur de psychiatrie à l'université Paris V et praticien hospitalier à l'hôpital Necker, Bernard Granger est l'un des rédacteurs en chef de la revue *Psychiatrie, Sciences humaines et Neurosciences*. Il étudie les troubles mentaux dans tous leurs aspects, biologiques, psychologiques et sociaux.

Du même auteur

– *Psychopathologie de l'adulte*, Éditions Masson, 1998.
(avec S. Debray et F. Azaïs).

– *La Psychiatrie d'aujourd'hui*, Éditions Odile Jacob, 2003.

– *La Dépression*, collection Idées reçues, Le Cavalier Bleu, 2004.

Jean Naudin : Professeur de psychiatrie à l'Université de la Méditerranée et Chef de Service au CHU Sainte-Marguerite à Marseille, Jean Naudin est également docteur en philosophie et chercheur permanent au CNRS (UMR 6578). Il s'intéresse à la philosophie de la santé dans une perspective inspirée par le psychiatre Ludwig Binswanger.

Du même auteur

– *Phénoménologie et Psychiatrie. Les voix et la chose*, Éditions Presses Universitaires du Mirail, 1997.

La collection « Idées Reçues »

Les idées reçues sont tenaces. Nées du bon sens populaire ou de l'air du temps, elles figent en phrases caricaturales des opinions convenues. Sans dire leur origine, elles se répandent partout pour diffuser un « prêt-à-penser » collectif auquel il est difficile d'échapper…

Il ne s'agit pas ici d'établir un *Dictionnaire des idées reçues* contemporain, ni de s'insurger systématiquement contre les clichés et les « on-dit ». En les prenant pour point de départ, cette collection cherche à comprendre leur raison d'être, à déceler la part de vérité souvent cachée derrière leur formulation dogmatique, à les tenir à distance respectable pour offrir sur chacun des sujets traités une analyse nuancée des connaissances actuelles.

Vous souhaitez aller plus loin ? **www.ideesrecues.net**

SCHIZOPHRÉNIE [skizɔfʀeni] n. f. – Forgé en 1911 par le psychiatre suisse Eugen Bleuler à partir de deux racines grecques, la première signifiant : coupure et la deuxième : esprit, le mot s'est diffusé rapidement dans la communauté psychiatrique mondiale pour recouvrir l'ensemble des symptômes que le psychiatre allemand Emil Kraepelin avait déjà lui-même auparavant rassemblé sous le nom de « démence précoce ». Il désigne plus précisément une psychose grave survenant chez l'adulte jeune, marquée par une désorganisation mentale et une « discordance affective », se traduisant par de la bizarrerie, un manque de sens pratique, un détachement excessif, et souvent, mais non toujours, des voix hallucinatoires et un état délirant non systématisé.

On insiste souvent sur le pluriel que Bleuler avait attribué dans le titre de son livre au mot schizophrénie. Il n'y a probablement pas une schizophrénie mais des schizophrénies, les formes cliniques de la maladie étant très variées, les causes multiples, sans corrélation directe avec la clinique, et l'environnement jouant un rôle aussi important que la prédisposition génétique.

À dire vrai, chaque cas est véritablement singulier. S'il y a bien dans chacun une coupure, c'est entre la personne et le sens commun qu'elle semble à chaque fois se jouer, se coulant dans le moule que lui offre le destin ou s'insinuant dans ce que l'homme a de plus propre : son corps, sa pensée, sa vie intime, son langage.

Causes

Traitement

Annexes

Introduction

Cet ouvrage se propose de rendre accessible au lecteur un certain nombre de données concernant la schizophrénie. Il est remarquable que la plupart des travaux portant sur ce thème revêtent d'emblée un caractère spécialisé et ne cherchent pas à répondre aux questions les plus simples, celles-là même que le public se pose naturellement à propos d'une maladie qu'il sait grave et stigmatisante : à quels signes reconnaît-on la schizophrénie ? Quelles en sont les causes ? Quel est son traitement ? Quels sont les inconvénients de son traitement ? Que peut faire la famille pour aider le patient ? Et pour le patient lui-même, comment vivre avec cette maladie ? Cette dernière question est la plus préoccupante et chaque patient y trouve sa réponse singulière. Nous essayerons aussi d'envisager sans parti pris diverses voies qui laissent entrevoir, si ce n'est une guérison, tout du moins une curabilité, un rétablissement possible. En effet, les progrès dans la prise en charge de la maladie ont été tels que les patients peuvent maintenant espérer en voir sereinement un jour le bout.

La collection « Idées reçues » est particulièrement adaptée pour aborder la question de la schizophrénie. Tout le monde a déjà entendu ce terme sans s'être donné la peine d'en connaître de près la signification. Nous avons aussi tous probablement dans notre entourage une personne qui a souffert de schizophrénie, un proche, un parent, un voisin, un ami d'enfance, puisqu'elle touche une personne sur cent. Et combien avons-nous déjà entendu à ce propos de jugements à l'emporte-pièce, de conseils, de reproches, de paroles en l'air.

Le mot schizophrénie est passé dans le langage courant. Ce mot est devenu un tic d'écriture pour qualifier le moindre paradoxe. Il excite la curiosité. Des qualitatifs comme étrange, bizarre, dangereux lui sont souvent associés. Ces termes renvoient à la personne plus qu'à la maladie. Personne et maladie : les idées reçues sur la schizophrénie courent de l'une à l'autre sans jamais faire ce distinguo pourtant essentiel.

Ce livre poursuit deux objectifs principaux : d'une part, faire mieux connaître la maladie pour dissiper certaines idées fausses qui s'y rapportent, montrer d'autre part combien les personnes qui en sont atteintes ne sont pas si différentes de vous et moi. Dans les objectifs accessoires de cet ouvrage intervient une approche un peu plus philosophique. Lorsque l'on se penche de près sur la maladie, on voit que bien des idées, des attitudes et des façons de vivre que nous tenons pour acquises (par exemple l'obligation de travailler, celles d'être autonome et de toujours se contrôler ou bien encore l'exigence de réussite), sont remises en question par cette affection si particulière et par les patients qui en sont atteints. D'une interrogation sur la maladie, nous passons bien vite à une interrogation sur la vie, celle des malades, celle de leur entourage et la nôtre aussi par conséquent. Au travers de leurs symptômes – sentiment d'étrangeté, repli sur soi, manque de sens pratique, désorganisation – et grâce à leur intelligence et leur capacité de réflexion en grande part préservée, les schizophrènes entretiennent avec les idées reçues une relation d'interrogation permanente. Une telle maladie pousse nécessairement l'homme à se questionner sur son existence, si bien que s'il nous fallait définir la schizophrénie en un mot, plutôt que d'en faire un livre, nous dirions aussitôt : « C'est une maladie de l'existence » .

Un des problèmes passionnants soulevé par la schizophrénie est qu'elle suscite chez ceux qui la vivent une sorte de regard particulier, un regard étonné, une forme de détachement, qui conduisent tantôt à l'isolement, tantôt au délire*, mais qui imposent toujours à la personne un effort considérable pour reprendre à son propre compte ce qu'elle rencontre dans le monde. Nous verrons qu'il s'agit pour les patients de retrouver du sens à la vie, aux relations avec les autres, à la réalité et à la nécessité dans laquelle nous sommes tous de la partager.

Ce livre est destiné aux patients, à leur famille et aux soignants, quel que soit leur statut. Trouver un langage commun est la première étape pour se comprendre mutuellement, pour éviter qu'à la maladie ne s'ajoute le manque de dialogue. Nous avons voulu dans ce texte éviter le plus possible le langage spécialisé des experts, mais nous avons choisi de n'ignorer aucune des théories récentes ni des travaux en cours en matière de soins et de recherche. Aujourd'hui plus que jamais, les recherches portant sur la schizophrénie sont fructueuses, laissent espérer la résolution de nombreux problèmes dans les années à venir. Les médicaments nouveaux luttent contre les symptômes les plus invalidants de la maladie sans pour autant gêner le patient par leurs effets secondaires. Les chercheurs disposent d'outils perfectionnés pour avoir des images du cerveau en action. Au plan thérapeutique, des programmes sont proposés qui permettent de mieux vivre la maladie et de mieux la comprendre. Des actions sont entreprises aussi sur le plan social pour favoriser l'insertion. On reconnaît enfin la spécificité du handicap psychique. On ne culpabilise plus l'entourage, on l'aide.

Une de nos préoccupations a été de tenter de briser certaines des barrières qui pourraient séparer les sujets « normaux » des « malades ». Nous verrons qu'il y a sans doute une continuité entre l'expérience de la maladie et l'expérience commune : bien des situations dans la vie courante nous menacent, la véritable question étant celle des moyens qui nous permettent au jour le jour d'ignorer la douleur, d'exister, et lorsque nous la connaissons, de la dépasser en nous plongeant plus encore dans le travail, la vie sociale ou les loisirs. Les schizophrènes se posent beaucoup de questions sur nos motivations. Et pour certains d'entre eux, la vie ne peut se dérouler naturellement qu'à la condition d'un renoncement durable à des projets trop ambitieux. Pour d'autres, de plus en plus, aujourd'hui que nous apprenons à soigner la maladie à ses débuts, la joie de vivre revient avec le plaisir de penser. Nous verrons comment médicaments et psychothérapies permettent de la restituer.

DESCRIPTION CLINIQUE

« La schizophrénie, c'est le dédoublement de la personnalité. »

La schizophrénie des partisans du oui.

titre d'un article paru dans *L'Humanité*, le 13 avril 2005

Aujourd'hui, dès que quelque chose est divisé en deux, on parle de schizophrénie, comme si ce mot seul pouvait qualifier toutes les divisions intérieures. Pour la plupart des gens, la schizophrénie, c'est le dédoublement de la personnalité. Mais il faut le dire tout de suite, la schizophrénie, ce n'est pas le dédoublement de la personnalité. Ne cherchez pas dans ce livre la trace extraordinaire du Dr Jekyl et de Mr Hyde mais celle d'une maladie plutôt fréquente (1% de la population) dans laquelle le sujet ne parvient pas à s'organiser et à s'affirmer comme un tout cohérent. La confusion avec le dédoublement naît de l'étymologie : *schizo* veut dire scinder, diviser, et *phrénie* veut dire esprit. Le mot a été forgé en 1911 par le psychiatre suisse Eugen Bleuler pour signifier que l'esprit a du mal à rassembler l'ensemble des vécus, des sentiments, des comportements et des pensées en un sujet autonome et sûr de ses acquis. Dans la schizophrénie, l'expérience devient chaotique et effrayante, même notre corps peut paraître changé : ce n'est pas qu'on soit plusieurs, c'est qu'on est en morceaux, la personnalité ne se dédouble pas, elle a une grande difficulté à s'affirmer. La personne n'arrive pas à s'engager dans une activité pratique ni dans une relation. Tantôt tout lui semble dangereux. Tantôt elle ignore la mesure et se met en péril. Son corps lui joue des tours, qu'il soit sous l'emprise d'un autre, ou bien déformé, mis en pièces, ou bien encore douloureux, brûlant, voire transformé en machine.

Le corps n'est plus dans la schizophrénie cette source inépuisable de sens à partir de laquelle nous participons librement à ce qui nous entoure. Le langage, parfois poétique mais souvent codé, ne sert plus la communication. Le schizophrène entend des voix qui l'insultent ou lui donnent des ordres. Aux yeux des autres, il semble raide, maniéré, il devient un problème à lui seul car il ne quitte plus son lit, ne participe à rien, se replie en dedans. Tout se passe en bref comme si le moi n'avait plus la force de jouer son rôle naturel de chef, de rassembleur, d'organisateur spontané de l'expérience. Ce phénomène, Bleuler - de langue allemande - l'appelle : *Spaltung.* Le mot est mal traduit en français par : dissociation* . Il vaudrait mieux dire : « clivage » ou « morcellement ».

Bleuler invente le nom de « schizophrénie » car il n'est pas pleinement satisfait de la conception de son aîné Emil Kraepelin. Celui-ci à la fin du XIXe siècle rassemble plusieurs syndromes en un seul : la catatonie*, la démence paranoïde* et l'hébéphrénie*, et qualifie le tout de « démence précoce » (*Dementia praecox*). Pour lui, les maladies mentales sont des maladies du cerveau qu'il classe en fonction de critères descriptifs stricts, sur le modèle de la classification des espèces comme on commence à le faire pour les maladies physiques. En 1896, il distingue déjà comme on le fait encore actuellement :

1) la psychose* maniaco-dépressive, caractérisée par des variations de l'humeur et de longues périodes sans aucun symptôme ;

2) la paranoïa*, délire* chronique systématisé, c'est-à-dire bien organisé ;

** Les mots signalés par un astérisque sont expliqués dans un glossaire en fin d'ouvrage.*

3) la démence sénile, marquée chez le sujet âgé par un affaiblissement progressif du raisonnement et de la mémoire ;

4) la « démence précoce ». On y voit comme dans la démence sénile un déficit progressif, mais il touche ici non pas les fonctions intellectuelles pures mais l'affectivité et la volonté.

Kraepelin décrit les grands traits de la maladie : apparaissant chez le sujet jeune, elle est marquée par une indifférence et un repli social progressifs, elle peut ne pas s'accompagner de délire, et lorsque celui-ci existe, il n'est pas systématisé ; remarquable par l'appauvrissement et l'abêtissement final qu'elle engendre, la maladie a un début souvent insidieux. Voilà définitivement tracé par Kraepelin le profil typique du schizophrène, qui insiste fortement sur les critères évolutifs : la maladie doit être jugée en fonction de son terme, la démence est l'état terminal, c'est l'état déficitaire* final - preuve clinique ultime d'un processus de dégénérescence - qui donne leur sens aux symptômes de début.

Bleuler, en revanche, insiste fortement sur les aspects dynamiques propres à la maladie et à la personne. Son projet central n'est pas de les comprendre à partir de l'état terminal mais d'approfondir plus avant la pathologie en lui appliquant les idées de Freud. Le concept de « schizophrénie » ne concerne pas exclusivement des malades précocement abêtis ou déments, il s'applique aussi à des personnes chez qui un simple processus de dégénérescence cérébrale ne peut pas venir tout expliquer. Pour Bleuler, il y a une continuité entre la schizophrénie et la normalité et tous les symptômes de la maladie n'ont pas la même signification. Certains symptômes, dits fondamentaux comme la « perte de la cohérence des associations », « l'émoussement des affects », l' « autisme* » ou l'« ambivalence* » sont essentiels au diagnostic car ils sont présents « à chaque instant et dans chaque cas ». D'autres, comme le délire, les hallucinations, la catatonie ou la dépersonnalisation*, sont dits « accessoires » car ils peuvent être vus dans d'autres maladies. Bleuler ajoute à cela que certains symptômes peuvent être dits « primaires » car ils sont comme les troubles des associations : « directement issus du processus morbide », et d'autres « secondaires », car ils ne sont au fond que la réaction de l'esprit au trouble associatif fondamental. Bleuler cherche dans l'œuvre de Freud la signification cachée de certains troubles. Le délire par exemple est comme le rêve : si l'un est le produit du relâchement des associations et l'autre celui de la vigilance, tous deux montrent à l'œuvre pareillement les complexes inconscients.

On ne cesse aujourd'hui de questionner ces deux conceptions de la schizophrénie. Sur le plan théorique, les psychiatres sont au moins aussi divisés que leurs malades. La conception de Bleuler a le mérite de faire voir la schizophrénie comme un processus curable et les symptômes comme porteurs de sens. La conception de Kraepelin nous oblige à porter notre regard vers les causes. Peut-être faut-il savoir ne pas trancher, savoir humblement qu'au fond, on ne sait pas grand chose. Le concept d'autisme est celui qui résiste le mieux. Nous verrons dans ce livre, à la suite d'Eugène Minkowski, un psychiatre français élève de Bleuler, qu'il n'a qu'une seule détermination : la « perte du contact vital avec la réalité ». C'est la réalité de la vie quotidienne qui nous donne un fil conducteur pour organiser notre vie mentale et notre rapport au monde. Lorsque ce contact est perdu, l'expérience perd de sa cohérence et de son unité, ce qui fait probablement de la schizophrénie certes une maladie, mais avant tout alors : une maladie de l'existence.

« Les schizophrènes entendent des voix. »

Ce qui garantît l'homme sain contre le délire ou l'hallucination, ce n'est pas sa critique, c'est la structuration de son espace.

Maurice Merleau-Ponty
Phénoménologie de la perception, **1945**

Tout le monde peut-il entendre des voix ? Sans doute. Une enquête pratiquée chez des étudiants londoniens a montré que plus de 50% d'entre eux en avaient déjà entendu. Entendre des voix dans un contexte d'isolement ou un contexte mystique n'a pas forcément une signification pathologique. Aucun de nous n'a oublié l'histoire de Jeanne d'Arc. Bleuler l'a dit : si les schizophrènes entendent des voix, ils ne sont certainement pas les seuls. Encore faut-il s'accorder alors sur ce que veut dire « entendre des voix ». Il n'y a presque rien de commun entre l'expérience mystique, la simple illusion d'un appel par mon nom et l'expérience douloureuse que d'autres m'observent et m'insultent. La différence entre les voix des schizophrènes et les autres tient en deux points principaux : la façon dont elles surgissent dans l'expérience et les histoires dans lesquelles elles trouvent un sens, plus ou moins accessible.

Comme l'a définie Esquirol, l'hallucination est une « perception sans objet » (par exemple, entendre quelque chose quand il n'y a rien à entendre). C'est une forme de conscience, le produit d'une intentionnalité. On classe volontiers les hallucinations en énumérant les organes des sens : visuelles, auditives, olfactives, tactiles, cénesthésiques (brûlures, picotements, etc.). Chaque organe des sens donne à voir le monde sous un aspect particulier. Les perceptions se complétant les unes les autres nous permettent de vivre l'espace et de mieux saisir notre situation dans le monde. Les hallucinations ne sont pathologiques que dans la mesure où elles témoignent d'une désorganisation profonde de l'espace vécu et des synthèses corporelles qui lui donnent du sens. Si les visions se voient plutôt dans l'hystérie, chez les mystiques ou dans les troubles neurologiques, il y a chez le schizophrène surtout des hallucinations auditives. Tantôt les voix sont entendues au dehors, par l'oreille (hallucinations acoustiques, dites acoustico-verbales lorsqu'il s'agit de mots), tantôt, elles ne sont qu'intérieures (hallucinations psychiques).

Les voix dans la schizophrénie ne sont jamais tout à fait isolées, elles entrent dans une histoire : il ne s'agit pas d'un appel sans suite, d'une simple erreur de perception, d'une illusion, il s'agit de quelque chose de beaucoup plus complexe, de très différent par rapport à l'expérience normale. Beaucoup de malades disent d'ailleurs non pas « elles » parlent, mais : « ça parle », ce qu'avait bien noté le psychanalyste français Daniel Lagache, qui fût l'un des premiers à les étudier de près. Ça donne des ordres, commente les actes, se moque, insulte, fait des allusions. Même s'il leur arrive de parler d'amour, les voix parlent beaucoup plus volontiers de mort et poussent parfois le sujet au suicide. Ça peut être des hommes, des femmes, connus ou non, une personne seule, une machine, des extra-terrestres, des amis, des ennemis, peu importe : ça n'est jamais tout à fait naturel. Ça s'accompagne le plus souvent du sentiment désagréable d'être regardé et ça ne laisse jamais la personne tranquille. Contrairement à celles des mystiques, ces voix sont des intruses, rarement bien intentionnées. Elles savent tout de la personne, de ses actes et de ses pensées les plus intimes. Contradictoires et hostiles, elles empêchent de façon très cruelle le sujet de penser. L'expérience hallucinatoire est marquée par la passivité : le sujet est parlé plus qu'il ne parle, il est regardé plus qu'il ne regarde. Fréquemment, la personne tente de se défendre par des moyens de fortune (boules Quiès, Walkman). Mais au bout d'un certain temps, elle peut aussi s'y faire et considérer comme familiers ces ennemis qui ont au fond le mérite de ne pas vous laisser seul.

En rassemblant tous les traits que nous venons de décrire, nous pouvons dire que les voix constituent à elles seules ce qu'on appelle en médecine un syndrome - autrement dit un ensemble de signes. Le psychiatre français Gaétan de Clérambault l'a appelé : automatisme* mental. Outre l'énonciation et le commentaire des actes, il peut prendre la forme d'un écho, d'un vol ou d'un devinement de la pensée, de jeux verbaux ou de mots lancés au hasard (appelés joliment mots jaculatoires fortuits), il fait parfois parler de télépathie. Le mot « automatisme » marque l'idée que ces phénomènes ne dépendent pas de la volonté du sujet, comme si une partie du cerveau devenait une sorte de mécanique déréglée et fonctionnant pour elle-même. L'automatisme est dit idéo-verbal lorsqu'il est fait d'idées et de mots, mais il peut plus rarement impliquer des mouvements du larynx (hallucinations psychomotrices). Il entre volontiers dans le cadre d'un délire* d'influence.

Tous ces phénomènes s'organisent autour d'un noyau psychopathologique essentiel que le psychiatre allemand Kurt Schneider appelait des « troubles de la miennité » : le sujet ne peut plus reconnaître comme siennes ses propres pensées et actions. En s'introduisant dans la pensée, qui est ce que nous avons de plus propre, les voix mettent particulièrement en danger l'identité de la personne. Qui n'a jamais vécu cette expérience a beaucoup de difficultés à se représenter ce que ça peut être. Faites un essai. Sachant que notre pensée se manifeste volontiers comme une voix, un discours intérieur, admettons que les voix hallucinées ne soient pas autre chose que notre propre voix devenue étrangère et cherchons une expérience qui s'en rapproche. Par exemple, écoutez votre voix au magnétophone quelques jours après l'avoir enregistrée : la reconnaissez-vous ? Non, car elle vous semble déformée. Imaginez que vous entendiez une voix qui ressemble à cette voix déformée qui sort du magnétophone, quel effet cela fait-il ? Dans cette expérience, nous ne reconnaissons pas notre propre voix, non parce que ses caractères phonologiques sont modifiés, mais parce que son audition est décalée dans le temps et entendue du dehors : nous n'anticipons plus, comme c'était le cas au moment où nous parlions, la signification de ce que nous voulons dire, ni ne rattachons immédiatement l'acte de parler à sa propre source. Sans avoir besoin de le savoir, nous partons tous du principe que notre propre voix coïncide à la fois avec sa source corporelle et avec l'intention de signification qui la dirige. Dans la schizophrénie comme avec un magnétophone, la voix intérieure est dissociée* de sa propre source et le sujet ne la reconnaît pas, il l'attribue à un autre car il ne peut pas repérer comme sienne l'intentionnalité qui l'anime. Les neuropsychologues appellent ces troubles, à la suite de Hoffman : des troubles de l'attribution.

Pour Freud, les hallucinations résultent d'une projection dans le monde extérieur de représentations inconscientes. Grâce à ce mécanisme de défense, qui n'est pas forcément pathologique, le sujet expulse de soi et localise dans l'autre des qualités, des sentiments ou des désirs qu'il méconnaît ou refuse en lui-même. Si l'explication neuropsychologique ne cherche pas à faire un lien entre le mode de surgissement et le contenu thématique de l'hallucination, la compréhension psychanalytique tente au contraire de les rapprocher. Ces deux conceptions ne sont pas exclusives. Il est toujours intéressant de comprendre l'hallucination comme un processus de signification en rapport avec la situation personnelle du sujet et avec ses affects : il n'est pas rare que le sujet soit par exemple déprimé ou ait une faible estime de soi lorsque l'hallucination le critique cruellement ou le rabaisse.

Les hallucinations, et notamment les voix, sont un symptôme très fréquent dans la schizophrénie, quoique peu spécifique. Elles sont aujourd'hui mieux connues et rapportées à une forme de discours intérieur, excessivement sensorielle et abusivement attribuée à un autre que soi.

« Les schizophrènes confondent l'imaginaire et la réalité. »

Nous sommes tous obligés, pour rendre la réalité supportable, d'entretenir en nous quelques petites folies.

Marcel Proust, *À l'ombre des jeunes filles en fleurs,* 1919

La schizophrénie n'est pas la seule maladie psychique dans laquelle les patients développent des idées délirantes mais le délire* est très caractéristique de la schizophrénie.

Étymologiquement, délire vient du latin *lira* qui signifie « sillon ». *Delirare* signifie « sortir du sillon », ou, pour utiliser un langage plus familier, « dérailler ». Il existe plusieurs définitions du délire : « erreur dont le patient n'est pas conscient », selon le psychiatre français du XIXe siècle Jean-Paul Falret, « jugement faux pathologique » pour le philosophe allemand du XXe siècle Karl Jaspers. Il n'est pas toujours facile de différencier ce qui relève du délire de ce qui relève de l'expérience humaine, où la part de l'irrationnel, de la pensée magique, des superstitions, des passions, de la poésie, de l'imagination est si large. Il faut donc être très prudent avant de considérer qu'une personne délire. Comme le disait le psychiatre français du XXe siècle Clérambault : « Le délire n'est pas dans le thème, il est dans la conviction. » Cette formule souligne le fait que le patient délirant n'abandonne pas son idée délirante, même si l'on en démontre l'impossibilité ou l'absurdité. C'est ce qui différencie l'erreur, que le sujet peut corriger, du délire, auquel le délirant reste attaché, de façon le plus souvent inébranlable.

Pour analyser un délire, on en précise le caractère aigu ou chronique, les thèmes, les mécanismes, le degré de structuration, le degré de participation émotionnelle et le degré de conviction. Les délires observés chez les patients schizophrènes sont très variés, néanmoins, on peut en décrire les principales particularités.

Les délires schizophréniques s'observent souvent au début de la maladie, et dans les formes de schizophrénie à début brutal. Le délire est alors très bruyant, évident, et s'accompagne d'un certain degré d'agitation. À l'inverse, dans les formes de schizophrénie à début progressif, le délire est souvent caché, peu exprimé, il évolue « à bas bruit ». Le patient schizophrène ne délire pas tant que dure sa maladie, mais son délire est qualifié de chronique, par opposition aux états délirants aigus qui durent seulement de quelques jours à quelques semaines.

Les mécanismes le plus souvent rencontrés dans la schizophrénie sont le mécanisme hallucinatoire et les interprétations (significations erronées attribuées à un fait réel). Moins souvent on peut observer des intuitions délirantes (représentation instantanée s'imposant au sujet comme une certitude) et de l'imagination délirante, mécanisme par lequel le sujet ne fait plus la différence entre ses fantasmes et la réalité.

Les hallucinations sont souvent incluses dans ce qu'on appelle l'automatisme* mental : le sujet a l'impression de ne plus être maître de ses pensées, de ses actes ou de ses sensations. Il peut même avoir l'impression d'être dirigé de l'extérieur par une force ou une personne plus ou moins identifiable (délire d'influence).

L'un des thèmes délirants les plus fréquents dans la schizophrénie est la persécution : le sujet se croit en butte à l'hostilité d'une personne, d'un groupe de personnes, voire du monde entier. Lorsque le sujet interprète les paroles, les gestes ou tout autre élément de l'environnement comme se rapportant à lui, on parle de « concernement » ou d'idées de référence, ce qui est aussi très caractéristiques des délires schizophréniques, notamment au début de la maladie. Les autres thèmes fréquemment rencontrés sont la mégalomanie (le sujet se croit doté de capacités extraordinaires), l'hypochondrie où il se croit atteint de maladies graves, les délires de transformation corporelle (le patient peut alors se regarder pendant de longues périodes dans la glace, perplexe et angoissé de ne pas se reconnaître : signe du miroir), les délires mystiques (le patient peut se prendre pour une divinité, dialoguer avec Dieu, penser avoir une mission rédemptrice à accomplir...), les délires de revendication (le sujet se croit victime d'un préjudice et cherche à en obtenir réparation) les délires de filiation (le sujet a l'impression que son père ou sa mère n'est pas son vrai père ou sa vraie mère) et les délires érotomaniaques* (impression délirante d'être aimé, en général par une personne de rang social élevé ou prestigieux). Il n'est pas rare de trouver chez un même patient schizophrène plusieurs thèmes à son délire.

Les délires schizophréniques, appelés aussi délires paranoïdes*, sont généralement mal organisés, flous, bizarres, parfois incompréhensibles ou hermétiques, portant ainsi la marque de la discordance* schizophrénique.

Il est inutile de discuter les idées délirantes du patient car par définition la conviction est très forte. La participation émotionnelle au délire schizophrénique est variable, mais assez souvent le sujet est détaché : on parle alors « de délire à froid ». Cependant, de façon en général impulsive, le patient peut commettre des actes médico-légaux dictés par ses voix (suicide, meurtre, agression, auto-mutilation).

Dans les formes à début progressif, le délire se constitue à partir d'une sensation étrange d'hostilité de l'ambiance et peut commencer par de simples idées de références. Les idées délirantes proprement dites apparaissent alors secondairement. Au fil du temps et sous l'effet des traitements antipsychotiques, qui ont des propriétés antidélirantes très marquées, le délire s'appauvrit et peut même disparaître ou rester présent de façon résiduelle : on parle alors « d'enkystement » du délire. Lorsque le traitement est interrompu ou dans des périodes particulièrement difficiles, des idées délirantes peuvent reprendre, souvent en suivant les mêmes modalités que lors des épisodes délirants initiaux.

Conçu par certains comme un « mécanisme de défense » destiné à combler « le vide schizophrénique » ou « l'angoisse schizophrénique », par d'autres comme l'expression d'un désordre biologique des aires du cortex cérébral qui règlent nos perceptions et notre jugement, le délire tient une place centrale mais non exclusive dans la pathologie schizophrénique. Le délire des schizophrènes se caractérise par la diversité de ses thèmes et de ses mécanismes, son absence de structuration, sa bizarrerie, sa dangerosité potentielle et son évolution vers l'appauvrissement et l'enkystement. Souvent synonyme de folie, le délire n'est pas synonyme de schizophrénie, car il peut se voir dans un grand nombre d'autres affections : tout patient halluciné ou délirant n'est pas schizophrène.

« La schizophrénie se caractérise par des troubles du langage. »

Je suis donc des néologues, et même des romantiques : ces derniers découvrent les trésors cachés ; les autres sont comme les navigateurs qui vont chercher au loin les provisions dont on a besoin.

Jean-Anthelmes Brillat-Savarin, *Physiologie du goût*, 1826

Longtemps, le langage des schizophrènes a fait l'objet chez les psychiatres d'un interminable débat. Était-il pathologique en lui-même ou étroitement dépendant des troubles de la pensée ? Se trouvait-il au cœur du processus morbide ou était-il quantité négligeable, un simple symptôme secondaire ? Permettait-il au malade de se libérer de sa maladie ou ne faisait-il qu'exprimer l'impossibilité du sujet à sortir de lui-même ? L'idée que se fait le psychiatre des rapports de la pensée et du langage, et du langage avec la maladie, dépend autant des faits que de ses propres croyances théoriques.

Il serait injuste de dire que tous les schizophrènes souffrent de troubles du langage. La plupart n'en ont que peu d'apparents. Rares sont ceux qui sont encore comme dans les livres parfaitement incohérents (schizophasie), ce qui témoigne d'un long repli sur soi et d'une grande chronicité. Quelques-uns font des néologismes* : ils inventent des mots en assemblant des racines connues (« topoarichnote ») ou en les forgeant de toutes pièces (« masonérancie »), ils peuvent aussi se servir de mots existants pour leur donner un sens nouveau (paralogismes). Beaucoup ont une conversation difficile à suivre, qu'il y ait du mal à l'engager ou qu'elle s'interrompe trop tôt. Entre le schizophrène et son interlocuteur, tout est affaire de temps et de rythme, avec en toile de fond l'impossibilité de trouver de façon durable un fil conducteur en commun. Le schizophrène est volontiers distrait, peut manquer d'égard et de souplesse, décroche souvent du sujet en cours pour reprendre un de ses thèmes de prédilection. Il arrive que la force du discours s'évanouisse progressivement (*fading* mental) ou que celui-ci s'interrompe en plein milieu d'une phrase (barrage*).

Ces troubles qui, lorsqu'ils sont apparents, se manifestent avant tout comme des troubles de la communication, sont si variés qu'il est bien difficile de leur attribuer une règle descriptive commune. On peut simplement tenter de les définir par la négative, ils se situent dans une fourchette assez large, bien au delà de laquelle on trouve ce qu'ils ne sont pas : d'un côté l'aphasie, de l'autre la poésie.

Dans l'aphasie, le sujet ne dispose plus de certains mots, c'est un trouble neurologique, ce qui n'est pas le cas de la schizophrénie. Dans cette dernière, le patient connaît et comprend parfaitement le sens des mots mais il ne les emploie pas. Et lorsqu'il les emploie, ne s'en sert pas nécessairement pour communiquer.

La poésie est le fait de créer et de jouer avec les significations que véhicule le langage, elle libère la parole et le monde de leur mutuelle contrainte en les faisant glisser. Freud a eu à propos de ce glissement, figure de style qu'on appelle la métaphore, et de la psychose, une intuition géniale, reprise plus tard par Lacan : il y a dans le délire* confusion du mot et de la chose, l'un n'est plus la représentation de l'autre, et ils ne peuvent plus jouer. Un trait caractéristique de l'homme psychotique, c'est qu'il prend les métaphores à la lettre. Il ne s'agit pas forcément de délire mais plutôt d'une intrusion de la chose, pure et concrète, dans le discours. C'est alors un point où le discours et ce à quoi il est censé faire référence ne font plus qu'un, parfois dramatiquement : « Je cherche un point de chute » dit une fois à son médecin le patient qui à sa sortie définitive part se jeter du toit.

Le langage a de nombreuses fonctions. Parler, c'est envoyer un message, marquer un contact avec l'autre, exprimer quelque chose de personnel, décrire la réalité ou le contexte de la rencontre, informer, interroger, interpeller, créer du sens à l'état pur en rapprochant des significations que l'usage commun nous fait croire éloignées. C'est cette dernière fonction, la fonction poétique, qui semble prédominer dans la schizophrénie au détriment de la communication. Aucune des autres fonctions n'est atteinte séparément, mais toutes semblent avoir pris leur autonomie et ne plus viser que le message en tant que tel. Tout se passe comme si la fonction poétique dominait en quelque sorte par KO, étant la seule qui puisse encore rassembler des significations que l'effacement du sujet a laissées partout éparses. Henri Ey notait que le discours du schizophrène n'est pas tant égocentrique, centré sur le moi, qu'excentrique : le schizophrène fait des mots un usage personnel, détaché du « langage de la tribu », il vise un monde propre. Ce n'est donc pas à proprement parler d'un trouble dont il s'agit dans la schizophrénie, mais d'une véritable métamorphose des fonctions du langage qui entraîne avec elle tout le rapport au monde.

Le psychiatre français Séglas remarquait en 1898 qu'il y a deux variétés de néologismes chez les schizophrènes : les actifs et les passifs. Les premiers sont produits par le sujet dans un véritable travail d'invention, ils ne se distinguent pas de ceux que font couramment les médecins et les scientifiques lorsque, bons « néologues », friands de mots inusités, ils tentent de décrire une réalité jusqu'alors inconnue (le mot schizophrénie en a été un), voire à nommer l'innommable. Les seconds surgissent de l'inconscient de façon automatique, comme autant de paroles sacrées ; ceux-là, du fait même de leur passivité, s'avèrent plus spécifiques car ils ne manifestent plus tant la volonté créatrice du sujet que sa soumission à une intentionnalité qui lui est devenue étrangère.

Cette question de l'intentionnalité, la part d'automatisme et de volonté qu'il y a forcément dans le langage, est clairement posée par les travaux récents des linguistes, étudiant au plus près le discours du sujet seul mais aussi le dialogue et la conversation dans son contexte (analyse du discours, pragmatique conversationnelle). Dans ces travaux, le langage est souvent pensé comme action, et censé impliquer des processus identiques. La discontinuité du discours schizophrénique, ses ruptures si caractéristiques (les fameuses « réponses à côté » du syndrome de Ganser*), montrent que le schizophrène ne respecte pas les contraintes d'enchaînement qui permettent au discours d'être compréhensible, au dialogue d'être heureux. Pour cela, il faut pouvoir planifier ce que l'on va dire, se représenter ses propres intentions et celles de son interlocuteur, coordonner son tour de parole, ajuster sa propre réplique à ce qui vient d'être dit : être capable tout à la fois d'improviser en fonction du contexte et de différer ce que l'on veut dire, sans perdre le fil ni le thème général de l'échange. C'est ce réagencement permanent de l'acte de parole en fonction de la situation que garantit l'équilibre des fonctions du langage. Cet équilibre est rompu dans la schizophrénie faute d'un attachement solide au contexte pragmatique de référence. On retrouve ce même défaut d'ajustement dans ce qu'Alain Trognon a nommé débrayages conversationnels : le schizophrène change de contexte sans qu'aucun indice ne soit donné à autrui qui puisse lui permettre de retrouver le fil. Si l'on peut remarquer avec Bernard Pachoud qu'il n'y a pas que les schizophrènes qui répondent à côté ou qui changent brutalement de sujet, on peut aussi le suivre en notant que les schizophrènes le font peut-être un peu trop souvent car ils ne cherchent pas à réparer ces ruptures. Tout se passe au fond comme si, derrière ce langage-écran qui peut s'apparenter à un mécanisme de défense, ils voulaient brouiller les pistes.

Les troubles du langage dans la schizophrénie sont essentiellement des troubles de la communication et du discours. Les néologismes en particulier et le peu d'intérêt pour la communication pratique montrent que le schizophrène privilégie la fonction poétique au détriment des autres fonctions du langage.

« Les schizophrènes sont froids et repliés sur eux-mêmes. »

Que me manque-t-il vraiment? Quelque chose de petit, de drôle, quelque chose d'important, mais sans quoi on ne peut pas vivre. [...] J'ai besoin d'appui dans les choses quotidiennes les plus simples. [...] C'est sans doute l'évidence naturelle qui me manque.

Anne Rau, citée par Wolfgang Blankenburg
***La perte de l'évidence naturelle*, 1991**

Les schizophrènes sont réputés froids et repliés sur eux-mêmes. L'émoussement affectif du malade, indifférent à tout, inexpressif et « abêti », capable de se laisser mourir de faim comme de ne pas réagir à l'annonce de la mort d'un proche, est donné par Kraepelin comme un signe cardinal. De même l'apragmatisme*, ce désintérêt radical pour toute forme d'activité pratique dans la vie quotidienne. Au schizophrène, il est vrai, souvent tout semble égal : il se lève tard, ne s'intéresse à rien, néglige sa toilette, ne comprend pas pourquoi il faut chaque jour s'habiller, courir au travail, laver le linge, faire les courses ou le repas. Il manque d'énergie, d'initiative ; quand on ne le pense pas malade, on le dit paresseux, apathique, distrait, on lui reproche de manquer de volonté et de logique, de rêvasser, de fumer comme un pompier. Il se marginalise, réduit son univers à un monde privé. À ce repli, que motive souvent en secret un idéal élevé, contribue la difficulté qu'éprouve le patient à entrer spontanément en contact avec les autres. Il se dit lui-même extrêmement fatigué et renonce à accomplir des tâches qui, vidées de leur signification, peuvent être remises au lendemain. Cet « à-quoi-bonnisme », le mot est du psychanalyste Paul-Claude Racamier, est si fort qu'il semble être une attitude de combat face à l'oppression de la réalité quotidienne, qui est toujours une réalité de travail.

L'ensemble de ces signes - apragmatisme, émoussement affectif, manque de volonté et d'initiative, repli sur soi - dresse le tableau du syndrome négatif de la maladie, qui tantôt accompagne comme une toile de fond d'autres signes plus productifs (délire* ou automatisme* mental), tantôt domine la scène ou s'associe à une simple tendance à l'indifférence et l'abstraction.

Face à un tel tableau, ce n'est pas la description même des signes qui est problématique : incontournables, présents du début à la fin, ils constituent le noyau primaire de la maladie, mais leur signification. Pour les proches : difficile de savoir si l'étrangeté du comportement est affaire de maladie (et donc de science) ou de valeurs (donc de morale). Pour le malade : évident que ses symptômes ne sont ni une histoire de volonté (qu'il a bonne assez souvent) ni une question d'intelligence (qu'il sait, quand il n'est pas déprimé, évaluer à sa juste valeur). Pour le médecin : trop facile d'affirmer, sans preuve de première main, qu'ils relèvent du trouble cognitif (conception kraepelinienne qui se cache sous l'expression polie de manque d'habiletés sociales) ou de l'attitude de défense (conception dynamique héritée de Bleuler). Il est presque impossible d'aborder de tels troubles sans préjugé. Considérons simplement ce que nous voyons et ce que les schizophrènes disent vivre.

Ce que nous voyons tout d'abord : une grande bizarrerie. La plupart des signes de schizophrénie, le délire compris, ne sont rien si nous n'y ajoutons le qualificatif de bizarre. Est dit bizarre ce qui n'est pas régulier, ce qui ne correspond pas au cadre préfiguré de la rencontre. Ici, l'impression de bizarrerie est renforcée par la disproportion entre l'idéal (trop haut) et la base de l'expérience (trop faible) – le psychiatre suisse Binswanger appelle ça : présomption – et par le caractère souvent déplacé du comportement – ce que Minkowski appelle un acte sans lendemain, et Binswanger : distorsion. Le psychiatre français Chaslin parlait aussi à ce propos de discordance* : une mimique peut ne pas s'accorder avec l'affect, un geste avec l'intention initiale ou le contexte de l'action. Les exemples classiques abondent : une femme vivant dans vingt mètres carrés commande un grand piano à queue, un homme pose sur son front pour le rafraîchir un bout de viande sortant du frigo, un père offre à Noël un cercueil à sa fille malade du cancer. On rapprochera aussi de ces signes le maniérisme, cette attitude un peu guindée qui fait penser à celle d'un mauvais acteur, à un robot ou une marionnette. La bizarrerie du schizophrène ne tient pas à un détail, c'est plutôt l'ensemble de la personne qui, dans son attitude face à la vie, manque singulièrement de naturel. Il y a dans ces activités et ces attitudes, dites par Minkowski : autistiques, comme un vide, une distance nettement perceptible entre la personne et le monde.

Ce que les schizophrènes disent vivre : la difficulté de s'engager dans un monde qui leur semble hostile ou tout au moins étranger. Cette attitude de non-engagement personnel dans la vie quotidienne, ils l'adoptent souvent, quand ils ont parcouru un peu de chemin, comme une seconde peau : projets irréalistes, renoncements successifs, attitude ironique. Incapable de vivre comme les autres confortablement assis sur un bon stock de connaissances implicites, le schizophrène manque tragiquement de sens commun. Wolfgang Blankenburg, Arthur Tatossian, les psychiatres inspirés par la philosophie phénoménologique avec eux, ont décrit cette attitude dans le monde en reprenant les propos d'une jeune patiente, Anne, qui, dans son auto-observation, disait, avec une grande pertinence, manquer de l' « évidence naturelle », cette chose banale qui permet aux autres de savoir comment se comporter dans la vie quotidienne et y trouver sa place. Pour pouvoir vivre simplement, il faut pouvoir se reposer sur une base d'évidences préalables, partageable avec d'autres et constamment renouvelée. Ces évidences ne résultent pas d'un acte cognitif mais plutôt d'une participation corporelle, affective, du sujet à son monde, ce que Minkowski appelait : le contact vital avec la réalité. Le schizophrène a perdu ce contact, il se voit donc forcé, pour pouvoir donner encore du sens à la réalité, d'adopter une attitude de questionnement qui fait souvent de lui quand il l'assume une sorte de philosophe zen, assis sur rien, doutant de tout, réfléchissant sans interruption à la nature d'une réalité qui lui semble étrangère, plus préoccupé par les questions ontologiques (qu'est-ce que l'être ? que veut dire exister ?) que par les problèmes de la vie courante. Pour le schizophrène, plus rien ne peut aller de soi, il lui faut constamment construire et reconstruire le cadre même de l'expérience, il n'est pas jusqu'à son Moi qui lui semble chose douteuse, vide de sens, et pour tout dire souvent chose déjà perdue. L'étrangeté est ainsi souvent vécue comme une dépersonnalisation* radicale. De même, l'asthénie* éprouvée par les schizophrènes est-elle souvent liée à cet énorme effort qu'ils doivent faire pour s'accrocher à la vie et lui donner du sens.

ÉVOLUTION, ÉPIDÉMIOLOGIE

« La schizophrénie se déclare à l'adolescence. »

L'adolescence est comme un cactus.

Anaïs Nin, *Une espionne dans la maison de l'amour*, 1954

Ce qui rend particulièrement poignante et tragique la schizophrénie est qu'elle atteint des sujets jeunes. D'ailleurs, avant de s'appeler schizophrénie, cette maladie avait été nommée « démence précoce » par le psychiatre allemand Emil Kraepelin. La démence précoce comportait une forme particulière, qui avait été appelée « hébéphrénie* » par Karl Ludwig Kahlbaum, un autre psychiatre allemand, terme qui fait toujours partie du langage psychiatrique. Démence précoce et hébéphrénie font référence au fait que cette affection touche les sujets jeunes. En effet, Hébé est la déesse de la jeunesse, et précoce signifiait à la fois que ce trouble touchait précocement les sujets au cours de leur vie, et que la maladie aboutissait rapidement à une perte des capacités psychiques.

Dans l'immense majorité des cas, la schizophrénie débute entre l'âge de 18 et 28 ans. En général, le début est plus précoce chez les hommes. Ce fait est observé depuis que l'on étudie cette maladie puisqu'il avait déjà été noté par Kraepelin. Une étude récente a montré que 62 % des hommes et 47 % des femmes étaient atteints avant l'âge de 25 ans. Chez les hommes, on observe un pic entre 20 et 24 ans, un peu plus tardivement chez les femmes, et surtout, pour ces dernières, un deuxième pic après 45 ans.

Les épidémiologistes et les psychiatres cliniciens se sont aussi beaucoup intéressés aux phases qui précèdent l'éclosion de la maladie. On a d'abord étudié la personnalité des sujets qui plus tard développeront une schizophrénie (personnalité dite « prémorbide »). Les différentes études, dont certaines ont été menées sur de très longues périodes et en étudiant des sujets quasiment dès leur naissance, ont montré que les futurs schizophrènes présentaient souvent des anomalies du développement, des difficultés scolaires, une tendance au repli sur soi, des difficultés d'intégration dans les groupes sociaux, un retard dans le développement psychomoteur. Certains traits de personnalité se retrouvent fréquemment chez les sujets à risque de schizophrénie : méfiance, isolement, idées bizarres, sentiment de persécution. Néanmoins, ces caractéristiques ne sont pas systématiques.

On s'est également intéressé aux signes avant-coureurs de la maladie (phase prodromique). Ces prodromes sont de durée variable, de plusieurs mois ou années à quelques jours. Une fois que le tableau clinique est complet et évocateur, on parle de « phase d'état ». Ces symptômes prodromiques non spécifiques sont parfois confondus avec les difficultés propres à l'adolescence ou au début de l'âge adulte. Il peut s'agir de préoccupations à première vue immotivées, de difficultés de l'attention ou du raisonnement, voire d'une baisse des performances scolaires ou professionnelles. Souvent, on observe aussi des symptômes dépressifs dans cette phase prodromique. Un détachement progressif, une indifférence, une perte d'intérêt et une rupture des liens antérieurs sont plus caractéristiques. Ces manifestations sont vagues, souvent trompeuses, ou peuvent faire porter à tort le diagnostic d'un autre trouble mental : anxiété, phobies, obsessions, troubles du comportement alimentaire plus particulièrement. Parfois ce sont des conduites addictives qui attirent l'attention : dépendance à l'alcool, au cannabis ou à d'autres substances dangereuses. C'est l'évolution ultérieure vers des symptômes schizophréniques plus caractéristiques qui fait comprendre que ces premiers signes étaient annonciateurs de la psychose.

Dans les formes à début progressif, les premières manifestations de la schizophrénie sont attribuées à une crise d'adolescence particulièrement prononcée, à une timidité excessive, à des difficultés psychologiques passagères, à une originalité considérée comme non pathologique, ou sont mises en rapport avec des événements de vie stressants.

Depuis plusieurs années des programmes de détection précoces ont été mis en route, car plus la prise en charge intervient tôt au cours de l'évolution de la maladie, moins les conséquences en sont lourdes et meilleur en est le pronostic. Mais, en réalité, il s'écoule parfois de longs mois ou de longues années avant que le patient consulte et reçoive un traitement adapté, du moins dans les formes à début progressif. Dans les formes à début brutal, la symptomatologie est tellement visible et inquiétante qu'elle débouche rapidement sur une hospitalisation.

Le délai parfois important entre le début des troubles et le début des soins s'explique par l'extrême réticence des patients à consulter, voire même leur opposition absolue. Ils n'ont pas conscience d'être malades. Cette « anosognosie » est l'un des symptômes de la maladie. L'entourage se trouve désemparé et l'on assiste à cette situation dramatique où le jeune schizophrène reste isolé dans sa chambre, dans l'incurie, sans contact avec ses proches, ou bien agressif et délirant, refusant toute intrusion dans son monde.

Le mieux est d'organiser une visite à domicile avec l'aide des structures psychiatriques, en vue d'amorcer la prise en charge.

Pourquoi la schizophrénie se déclare-t-elle chez des sujets relativement jeunes ? Parce que l'adolescence (dans un sens très large) peut être l'âge où l'on prend son autonomie. Si l'on en croit les modèles de vulnérabilité, sur un terrain psychologiquement ou biologiquement fragile ou prédisposé, les transformations et la maturation propres à l'adolescence ainsi que des événements difficiles à vivre (rupture sentimentale, échec scolaire, séparation des parents, voyage dans un pays lointain, déménagement, début des études supérieures ou entrée dans la vie active...) expliquent l'effondrement psychotique, alors que ces mêmes événements sont traversés aisément par les sujets non vulnérables et constituent des étapes dans le développement normal conduisant à l'âge adulte. Il semble aussi que le pronostic de la schizophrénie soit meilleur chez les sujets dont la maladie se déclare à un âge plus avancé, car ils sont mieux insérés dans la vie, ont parfois déjà fondé une famille ou exercent un métier, alors qu'un début précoce survient pendant les études ou la formation professionnelle, qui sont alors profondément compromises ou brutalement interrompues.

La schizophrénie est une maladie des sujets jeunes. Elle handicape gravement leur développement et leur épanouissement. Elle survient sous l'influence de facteurs déclenchants biologiques et psychologiques chez des sujets porteurs d'une vulnérabilité, elle aussi biologique ou psychologique. Chez certains sujets, cette vulnérabilité peut se détecter dès le plus jeune âge, du moins de façon rétrospective, alors que chez d'autres, la maladie se déclare brutalement, sans prodrome (signes avant-coureurs) apparent.

« Les schizophrènes sont dangereux. »

Normal is dangerous

Slogan qui animait aux USA dans les années 90 la campagne d'une association d'usagers.

Selon une enquête (IPSOS) réalisée en 2001, une personne sur deux pense que les schizophrènes sont dangereux pour les autres. Les statistiques ne confirment pas cette opinion, qui montrent que la grande majorité des crimes sont habituellement commis par des gens normaux, par intérêt, vengeance ou jalousie. Les schizophrènes ne sont statistiquement pas plus dangereux que les autres et Hannibal Lecter, s'il est évidemment un pervers, n'est certainement pas un schizophrène. Lorsqu'ils sont violents, les schizophrènes le sont le plus souvent envers eux-mêmes.

Les passages à l'acte, lorsqu'il y en a, sont parfois immotivés, mais cela est rare. Ces agressions arrivent généralement lorsque le patient est sous l'emprise totale d'un syndrome d'influence, lorsqu'il est écrasé par la peur et ne cherche qu'à se défendre, ou lorsque des voix hallucinatoires lui intiment l'ordre de tuer ou de se tuer. Elles visent plus couramment un parent proche, père ou mère, qu'un inconnu. Les proches en effet sont non seulement en première ligne, mais aussi impliqués affectivement dans l'histoire du sujet, la question de la filiation jouant volontiers un rôle dans le délire*. À dire vrai, lorsque le sujet passe à l'acte, il le fait le plus souvent par erreur, prenant par exemple sa grand-mère pour un extra-terrestre ou pensant que ses vrais parents ont été remplacés par des sosies. Quand le délire s'éteint, le sujet prend conscience de sa responsabilité et, vaincu par la culpabilité, parfois se suicide. S'il peut se produire sous l'emprise des voix, le suicide est souvent un acte résolu, accompli en pleine conscience, notamment dans les phases de désenchantement qui après traitement marquent le renoncement à la toute-puissance du délire ou tout au moins à l'idéal qui l'animait.

Ces quelques généralités nous montrent que la question de l'agressivité potentielle des schizophrènes, lorsqu'elle est spécifique, reste une affaire de clinique, elle pourrait ne pas se poser en dehors des cercles psychiatriques si l'effroi que suscite le crime n'était pas de nature à questionner l'humanité en tant que telle. L'homme de la rue préfère de toute évidence voir la bête en l'autre plutôt que d'accepter d'une façon générale que si les schizophrènes sont parfois des criminels, c'est que le crime est humain et que chacun de nous pourrait, comme nous le rappelle dans la bible l'histoire d'Abel et Caïn, le commettre. Faire systématiquement dans les journaux du schizophrène un assassin potentiel, cela permet probablement aux gens normaux de ne pas se questionner outre mesure sur les fondements de leur normalité. Aux USA, des associations de malades avaient ainsi choisi dans les années quatre-vingt ces trois petits mots pour slogan : « *normal is dangerous !* ». La philosophe Hannah Arendt, dans le compte-rendu qu'elle fit pour le *New Yorker* du procès Eichman, note avec étonnement qu'Eichman est un homme normal, un homme qui déclare avoir fait consciencieusement son travail, aimer ses enfants et son chien. Ce qui a rendu la Shoah possible est que les individus comme lui ne sont pas nécessairement des pervers mais surtout des gens qui ne pensent pas. L'enseignement qu'en tirait Hannah Arendt était que pour ne pas faire le mal, il faut être capable de le penser. Sommes-nous toujours capables de penser le mal que nous pouvons faire à nos proches lorsque avant toute chose nous souhaitons rester dans la norme ?

Pouvoir se représenter le mal que l'on risque de faire ou les conséquences de l'acte que l'on s'apprête à accomplir garantit de la violence, la chose est vraie pour les schizophrènes comme pour les gens normaux. Le passage à l'acte, l'impulsivité qui le caractérise sont compris par les psychanalystes comme un défaut de mentalisation. Mais, en soi, ce défaut de pensée préalable n'est en rien l'apanage des schizophrènes, ni même, pour parler le langage de l'expert judiciaire, des psychopathes ou des pervers. Ce qui caractérise ces derniers est l'absence de culpabilité éprouvée. Les schizophrènes, en revanche, dès qu'ils vont mieux, sont capables, à des degrés variables, de se questionner quant à leur responsabilité. Joue un rôle important dans la situation qui conduit au passage à l'acte la place de l'affectivité, ou sa prétendue absence, dans le délire. Les auteurs classiques décrivent bien trop sévèrement le style affectif des schizophrènes en termes de froideur et d'abêtissement. Cette froideur, quand elle existe, n'est pas le résultat d'un manque de développement moral, mais une modification radicale du rapport personnel que le sujet entretient avec la réalité pour lui donner un sens. Les récits que font les schizophrènes eux-mêmes à propos de leur situation révèlent fréquemment un vécu d'étrangeté du monde, ils ne peuvent rien ressentir vis-à-vis de la réalité qui ne soit comme déformé dans une cloche de verre ou enveloppé d'un voile. Le passage à l'acte, l'hallucination, l'immobilité caricaturale du catatonique*, peuvent aussi révéler des sentiments qui ne peuvent pas être dits, parce qu'il ne sont pas reconnus en tant que tels par le sujet, parce que le fait d'en parler est frappé d'un interdit, ou parce qu'il sont mêlés à d'autres affects contradictoires (ce que la clinique classique appelle ambivalence*). Bien loin d'une absence totale d'affects, le passage à l'acte révèle donc souvent un moment où à l'étrangeté fait suite une cascade de phénomènes sensibles et affectifs qui pris ensemble, empêchent de penser, se télescopent et s'entremêlent comme dans un engrenage. La terreur joue le plus souvent un rôle majeur.

Le danger seul justifie les mesures de contrainte (il en est fait mention dans les certificats d'hospitalisation). Il ne s'agit pas que de protéger les autres, il s'agit d'abord de protéger le sujet, c'est à dire de l'aider à retrouver une norme, des repères, dans le temps, dans l'espace, dans l'histoire, pour qu'il puisse à nouveau s'y loger. Dans les moments de grande agitation, l'isolement - dont la violence ne peut cependant pas être niée - agit comme un contenant, il permet au sujet de ne pas se disperser sous l'effet du délire. Lorsque le danger immédiat est passé, vouloir rétablir la norme à tout prix est en revanche une forme d'acharnement qui ne satisfait jamais que les gens normaux. Il faut savoir jongler entre ces deux extrêmes. Et suivre le chemin que nous indiquent les affects du patient, plus souvent qu'on ne le croit. Bien des situations de violence (aux urgences, en service, en famille) pourraient être évitées si l'on parvenait à temps à repérer les affects et à les énoncer, tout au moins à les respecter en n'étant soi-même face à la personne en crise ni indifférent, ni théâtral, simplement présent et protecteur.

« Les schizophrènes meurent jeunes. »

Le vrai trésor de l'homme est la vaste jeunesse
Le reste de nos ans ne sont que des hivers.

Pierre de Ronsard, *Stances*, 1597

Le taux de mortalité standardisé, c'est-à-dire ajusté en fonction de différents paramètres qui rendent possibles des comparaisons, est 1,6 à 3 fois plus élevés dans la schizophrénie que dans la population générale et l'espérance vie est diminuée de 20 % chez les patients atteints de schizophrénie. Cette diminution serait due pour un tiers au passage à l'acte suicidaire, le reste étant lié à des maladies physiques, aux difficultés d'accès aux soins et à des conditions socio-économiques défavorables.

Parmi les maladies physiques en cause dans la surmortalité observées chez les patients schizophrènes, figurent au premier plan les maladies cardio-vasculaires. On sait que dans ces maladies, les facteurs de risque sont l'obésité, le tabagisme, la sédentarité, le diabète et les troubles du métabolisme lipidique. Le tabagisme est beaucoup plus répandu chez les patients schizophrènes : une enquête a montré que 75 % des patients schizophrènes aux États-Unis fumaient du tabac contre 25 % dans la population générale. Plusieurs hypothèses ont été avancées pour expliquer l'appétence pour le tabac des patients schizophrènes : la sensibilité supposée de leur cerveau aux effets stimulants de la nicotine et l'inoccupation en sont les deux principales. Mais, malgré ce tabagisme important, on n'observe pas un nombre beaucoup plus élevé de cancers pulmonaires chez les patients schizophrènes. Cela a conduit certains à supposer qu'un facteur génétique de prédisposition à la schizophrénie protègerait contre le cancer pulmonaire, mais il ne s'agit là que d'une hypothèse.

L'autre grand facteur de risque de maladie cardio-vasculaire est l'obésité. Elle se mesure par l'indice de masse corporelle. Cet indice est calculé en faisant le rapport du poids exprimé en kilogrammes, par le carré de la taille exprimée en mètres. Les valeurs normales se situent entre 18,5 et 24,9. Pour des valeurs supérieures, le risque de maladie cardio-vasculaire devient très élevé. La prise de poids dans la schizophrénie est favorisée par certains traitements antipsychotiques, par la sédentarité et les troubles du comportement alimentaire à type d'hyperphagie.

Une mauvaise hygiène de vie ou certains traitements antipsychotiques peuvent entraîner des troubles du métabolisme des sucres et favoriser un diabète, ainsi que du métabolisme des graisses et favoriser une augmentation dans le sang des taux de cholestérol et de triglycérides.

Enfin, il faut savoir que les facteurs de risque de maladie cardio-vasculaire (tabagisme, surpoids, troubles du métabolisme glucidique, troubles du métabolisme lipidique, sédentarité) ne s'ajoutent pas mais ont des effets multiplicateurs : la présence de deux facteurs de risque augmente par quatre le risque de trouble cardio-vasculaire, trois facteurs de risque par six, quatre par dix et cinq par quatorze.

La prise de conscience relativement récente de l'ensemble de ces données à incité les psychiatres à mettre au point des mesures de surveillance de ces facteurs de risque et à préconiser une meilleure hygiène de vie à leurs patients, en luttant notamment contre le tabagisme et le surpoids. Si un médicament antipsychotique entraîne des modifications trop importantes du métabolisme du sucre et des graisses, il faut alors changer de traitement, car tous ne sont pas équivalents dans ce domaine.

Certains antipsychotiques ont également des effets sur la conduction cardiaque et peuvent entraîner des morts subites, raison pour laquelle ces traitements sont beaucoup mieux surveillés à l'heure actuelle au plan cardiaque.

L'autre grande cause de la diminution de l'espérance de vie des patients schizophrènes est le suicide. À la suite d'une étude publiée à la fin des années 1970, on admettait que 10 % des patients schizophrènes mouraient par suicide. Le risque suicidaire est particulièrement élevé au début de la maladie. Des travaux plus récents ont montré que ce risque avait probablement été surévalué et qu'il fallait plutôt chiffrer à environ 5 % le nombre de patients schizophrènes décédant par suicide.

Dans quelles circonstances se produisent ces suicides ? En simplifiant, on peut distinguer deux circonstances principales amenant le patient schizophrène au suicide : les idées délirantes et la dépression.

Le patient schizophrène peut entendre des voix qui lui intiment l'ordre de se suicider : « jette-toi par la fenêtre », « tranche-toi la gorge… ». Le suicide peut aussi s'intégrer dans le développement des idées délirantes ou répondre à des moments d'angoisse particulièrement déstructurants. Cela explique le caractère souvent très violent des suicides schizophréniques, par défenestration, pendaison, arme à feu, immolation. Les patients peuvent aussi se livrer à des automutilations graves, parfois mortelles.

Le suicide peut également survenir dans un contexte dépressif : le patient schizophrène est triste, perd tout espoir et voit dans sa disparition le moyen d'échapper à ses immenses difficultés. La dépression des schizophrènes a été expliquée par des raisons psychologiques et biologiques. Les difficultés engendrées par la maladie, l'isolement social, les difficultés d'insertion professionnelle, le rejet de l'entourage, le retour à la réalité après une phase délirante (dépression post-psychotique), tous ces éléments peuvent entraîner une réaction dépressive. De plus, pour certains auteurs, les traitements anti-psychotiques favoriseraient ces états dépressifs post-psychotiques.

Enfin, il y a peut-être une parenté biologique, notamment génétique, entre schizophrénie et dépression pouvant expliquer l'apparition assez fréquente d'états dépressifs chez les patients schizophrènes.

Pour prévenir ces suicides, il faut soigner les symptômes hallucinatoires et délirants en ayant recours à l'hospitalisation lorsque le risque de passage à l'acte paraît élevé, puis en surveillant étroitement l'évolution des symptômes. Il convient par ailleurs de dépister systématiquement un état dépressif chez un patient schizophrène et au besoin de lui prescrire un traitement médicamenteux pour soigner cette dépression.

Les patients schizophrènes ont une espérance de vie diminuée par rapport au reste de la population principalement en raison d'une plus grande survenue de maladies cardio-vasculaires et d'un risque plus élevé de suicide. Une meilleure connaissance de ces risques et l'application de mesures de prévention adaptées visent à limiter la surmortalité liée à la maladie schizophrénique.

« Les schizophrènes ne peuvent pas vivre comme les autres. »

Ce qui est hors des gonds de la coutume, on le croit hors des gonds de la raison.

Montaigne, *Essais*, 1580

Le handicap entraîné par la schizophrénie est particulièrement lourd. Il va au-delà des troubles psychiques proprement dits et touche l'ensemble de la vie du patient. En ce qui concerne le travail par exemple, les statistiques montrent que 50 % des patients atteints de schizophrénie ne travailleront jamais, 30 % pourront travailler dans le cadre d'un emploi protégé et les 20 % restants atteindront un emploi avec une qualification inférieure à celle à laquelle ils auraient pu prétendre avant le début de leur maladie. Les revenus des patients schizophrènes sont très inférieurs à ceux des autres personnes. Les patients schizophrènes sont rarement mariés. Ils éprouvent des difficultés à trouver un logement et sont très souvent à la charge de leur famille. C'est ainsi que deux tiers des patients qui sortent de l'hôpital après un premier épisode retournent chez leurs parents. Les plus défavorisés d'entre eux se retrouvent à la rue et viennent grossir les rangs des sans domiciles fixes.

La charge matérielle et psychologique pour l'entourage immédiat est donc très lourde, raison pour laquelle se développent de plus en plus des programmes d'informations destinés à aider les familles des patients schizophrènes.

L'atteinte schizophrénique comporte chez tout patient des symptômes particulièrement handicapants dans la vie relationnelle. Le patient schizophrène est méfiant, perçoit facilement les autres comme des agresseurs, parfois intégrés à son système délirant. Les difficultés attentionnelles, de compréhension et de raisonnement, notamment dans les situations d'interaction, le gênent dans l'ensemble des tâches qu'il doit accomplir. Les difficultés à agir, à parler, liées aux aspects déficitaires* de la maladie, aggravent encore les possibilités relationnelles.

Un des buts du traitement est de lutter contre l'isolement social et de favoriser l'insertion du patient dans la cité. À la suite des anglo-saxons, on utilise volontiers le terme de « réhabilitation » pour qualifier les programmes thérapeutiques mis au point dans ce but.

Ces programmes de réhabilitation visent à informer le patient sur sa maladie. Jusqu'à il y a peu, les psychiatres avaient beaucoup de réticence à prononcer le terme de schizophrénie ou à annoncer clairement le diagnostic. Cela est en train de changer : le patient est informé de ses symptômes et de la nécessité des traitements médicamenteux. Grâce à ces programmes, il est également aidé pour acquérir de meilleures compétences sociales. On peut également lutter contre certains déficits cognitifs par une véritable rééducation, comme cela est pratiqué pour d'autres maladies déficitaires.

À côté de ces mesures thérapeutiques qui viennent compléter le traitement médicamenteux, le patient schizophrène doit bénéficier de diverses mesures sociales destinées à lui procurer revenu, travail, logement.

En France, les lois sociales protègent d'une certaine façon les patients atteints de handicap psychique, les patients schizophrènes en particulier, en leur assurant un revenu minimum. Il s'agit de l'allocation adulte handicapé pour les patients qui n'ont jamais travaillé ou d'une pension d'invalidité pour ceux qui avaient un travail précédemment et qui ont dû l'abandonner en raison de leurs troubles.

Un organisme appelé COTOREP (Commission Technique d'Orientation et de Reclassement Professionnel) est compétent pour les adultes handicapés âgés de vingt ans et plus. Il détermine le taux d'incapacité permettant l'attribution de prestations financières, en particulier l'allocation aux adultes handicapés. Il joue un rôle dans la recherche d'un emploi.

Depuis quelques années, les associations de familles et les associations de patients cherchent à développer des structures fondées sur l'entraide, destinées elles aussi à rompre l'isolement des patients : les clubs thérapeutiques. Ces clubs ne sont pas dirigés par des soignants : ce sont des anciens patients qui les organisent et les administrent, avec l'aide d'associations. Les patients peuvent y exercer diverses activités, retrouver des personnes atteintes des mêmes troubles et bénéficier d'une entraide réciproque.

Une des grandes difficultés pour les patients schizophrènes est le logement. Avant l'avènement des thérapeutiques modernes, au début des années 1950, l'immense majorité d'entre eux résidait à l'hôpital psychiatrique. Depuis que les traitements antipsychotiques atténuent les symptômes et permettent une meilleure autonomie, les patients vivent à l'extérieur de l'hôpital, souvent à la charge de leur famille. Ils peuvent aussi occuper divers types de logements, pour lesquels ils sont susceptibles de recevoir des aides financières. Une première possibilité est l'accès aux logements privés, mais, malheureusement, les propriétaires sont très réticents à l'égard des patients atteints de troubles mentaux. Dans certains cas toutefois, ils peuvent avoir des garanties de paiement des loyers. L'hébergement en chambre d'hôtel est parfois une solution provisoire en attendant de trouver une solution plus définitive. L'accès au logement social (HLM) est possible comme pour toute personne dont les ressources ne dépassent pas un certain plafond.

À côté de ces possibilités d'hébergement communes et plus difficiles d'accès, on trouve des hébergements plus spécialement conçus pour des patients atteints de troubles mentaux. L'hébergement associatif thérapeutique comprend des pensions de famille et des maisons communautaires bénéficiant d'un certain accompagnement médico-social. Les foyers médicalisés de post-cure sont des établissements de moyen séjour qui suivent en principe une hospitalisation à temps plein et assurent le prolongement de soins. Les foyers de vie ou occupationnels sont des établissements médico-sociaux pour adultes handicapés n'ayant pas d'autonomie suffisante pour accomplir seuls les actes de la vie courante. Les foyers d'hébergement accueillent des adultes handicapés travaillant généralement en centre d'aide par le travail et ayant déjà une certaine autonomie.

Enfin pour les personnes gravement handicapées dépourvues d'autonomie, ayant besoin d'une surveillance médicale et de soins constants, existent les maisons d'accueil spécialisées. Pour les attributions de ces logements, la COTOREP joue également un rôle prépondérant.

La nouvelle loi sur le handicap qui reconnaît pour la première fois le handicap psychique en tant que tel, comporte notamment des mesures favorisant la création des clubs thérapeutiques et les conditions d'accès aux logements.

Les mesures sociales, si indispensables qu'elles soient, ne font cependant pas tout. Car habiter quelque part ne veut pas nécessairement dire « résider », mais plus profondément avoir un espace à soi. Il ne suffit pas d'apporter à une personne une résidence pour qu'elle puisse habiter quelque part. Encore faut-il que cette habitation soit désirée et éprouvée par le sujet comme un acte personnel d'appropriation de l'espace et que le temps de maturation que présuppose l'appropriation d'un lieu et d'un projet ait été préservé.

L'ensemble du dispositif médico-social apporte une grande aide aux patients atteints de schizophrénie. Mais les familles ont tout de même le sentiment de porter une grande partie du fardeau, raison pour laquelle elles se sont regroupées au sein d'associations, dont la plus importante est l'Union nationale des amis et familles de malades mentaux (UNAFAM). Les associations de patients psychiatriques comme la Fédération nationale des associations de patients et ex-patients en psychiatrie (FNAP-PSY) constituent également un recours fort utile.

Le handicap psychique, professionnel et social entraîné par la schizophrénie est considérable : le patient schizophrène ne peut pas mener la vie que mènent les autres. Il faut savoir accepter le patient schizophrène dans ses difficultés, ses impossibilités et ses particularités. De nombreuses mesures d'ordre médical et social sont destinées à limiter au maximum les conséquences du handicap liées à la maladie afin que les personnes atteintes de schizophrénie souffrent moins, soient mieux acceptées par leur entourage immédiat et par la société dans son ensemble.

« Il y a des pays on l'on ne trouve pas de schizophrènes. »

Je tiens la schizophrénie pour presque incurable, non pas qu'elle soit due à des facteurs organiques, mais parce que ses principaux symptômes sont systématiquement entretenus par certaines des valeurs les plus caractéristiques, les plus puissantes – mais aussi les plus insensées et dysfonctionnelles – de notre civilisation. […] Elle constitue la psychose-ethnique-type des sociétés civilisées complexes.

Georges Devereux, *Essais d'etnopsychiatrie générale*, 1983

En 1903, Emil Kraepelin, cherchant comme bien d'autres dans des pays lointains à confirmer ses propres hypothèses théoriques, partit à Java pour y faire de la « psychiatrie comparée » (1904). Il avait en tête, outre les travaux de Durkheim et de Lévy-Bruhl, les observations de Gilmore Ellis, directeur de l'asile de Singapour, concernant une pathologie meurtrière considérée comme typiquement malaise, l'Amok. Kraepelin, moins féru d'exotisme que de science, compte vérifier si les maladies mentales qu'il veut classer, et notamment la démence précoce, s'observent partout dans le monde, et sont par conséquent causées, comme il le pense, par un trouble biologique de nature organique, ou si elles sont plus précisément liées à la culture (ce que l'on appelle aujourd'hui : Culture-Bound Syndromes). Les observations de Kraepelin en Asie confirment son intuition : deux grandes maladies, la psychose* maniaco-dépressive et la démence précoce, se partagent le monde sans distinction géographique ou culturelle, si ce n'est quelques variations dans l'expression des symptômes. Commence ainsi une longue controverse que relance dans les années cinquante le travail ethnopsychiatrique de Georges Devereux et que clôt dans les années soixante-dix un rapport de l'OMS.

Pour Devereux, il ne s'agit pas tant de recenser des curiosités exotiques, ni même de prendre en compte des variations culturelles qui seraient autant d'exceptions venant confirmer les règles prétendument universelles de la psychiatrie occidentale, mais au contraire de s'intéresser à la façon dont la culture détermine la forme même des maladies. Quand on compare les cultures entre elles, apparaissent à la fois des variations ethniques qui témoignent de l'affirmation de valeurs propres à la culture de l'individu et de son groupe, et des traits invariants qui témoignent du noyau dur de la maladie. Alors que dans les années cinquante l'immense majorité des psychiatres occidentaux voit dans la schizophrénie soit un trouble biologique soit une maladie fonctionnelle dont les déterminants concernent la psychanalyse, Devereux remet en cause le concept même de dissociation pour en faire une psychose ethnique. Il qualifie d'ethniques les troubles qui comme l'Amok, selon le mot de Tobie Nathan, prennent la forme de symptômes « prêt-à-porter » proposés par la société aux individus qui y trouvent un moyen de glorifier des valeurs et des idéaux communs. Pour Devereux, la schizophrénie est le pendant occidental du chamanisme des sociétés traditionnelles, un désordre ethnique propre aux sociétés complexes, le détachement ou l'effacement de la frontière entre réel et imaginaire n'étant que l'expression des valeurs qui fondent la société occidentale. Les premières études sur le terrain tendent en effet à montrer que les sociétés traditionnelles ne connaissent pas la schizophrénie. Mais son territoire ne fait que s'agrandir avec l'acculturation. La schizophrénie : maladie de l'Occident.

Il a été facile de balayer cette conception par des études de prévalence. Les résultats de l'enquête internationale de l'OMS sur la schizophrénie, publiée par Sartorius et Jablensky en 1973, sont sans appel : la schizophrénie se retrouve dans l'ensemble des sociétés étudiées, occidentales et traditionnelles, avec une incidence et une prévalence identiques. Une fois adoptés des critères diagnostiques communs, l'universalité du trouble est depuis régulièrement confirmée.

Cependant, la plupart des études s'accordent sur le fait que les troubles survenus dans les pays en voie de développement ont un meilleur pronostic. Le début de la maladie y est souvent plus brutal, dominé par une intense activité délirante et hallucinatoire et un vécu persécutif. L'influence des facteurs culturels est moins nette sur la forme de la maladie que sur le mode d'organisation des soins et les croyances qu'il implique. On pondère ces résultats en tenant compte de l'indétermination relative du diagnostic de schizophrénie, que l'on sait pouvoir être sur- ou sous-diagnostiquée, et de la difficulté de séparer les facteurs culturels des facteurs économiques. Les études les plus anciennes ne prennent pas en compte des facteurs sociaux majeurs comme l'accessibilité aux soins ou le soutien familial, la seule immigration pouvant être un facteur de risque. Une enquête effectuée en 1998 à Hong-Kong est particulièrement significative : l'évolution des schizophrènes, étonnamment favorable dans cette grande ville, est la même que celle constatée dans les pays en voie de développement alors que l'on aurait pu s'attendre à ce qu'elle suive le profil d'un pays développé. Rechtman & Votadoro expliquent ces données par la qualité des relations familiales dans ces populations.

La culture influe également sur la façon dont les médecins construisent la maladie. Robert Barrett a montré qu'un cas clinique ne s'élabore pas uniquement à partir de données empiriques mais aussi des représentations culturelles des cliniciens. S'inspirant des travaux de McGorry, il lui semble dangereux de conserver le concept de schizophrénie, qui peut s'avérer très destructeur car l'idée d'une évolution inéluctable vers la chronicité lui reste fortement attachée. Il parle plus volontiers de « premier épisode psychotique », concept dont l'indétermination garantit une meilleure évolution en recentrant les efforts de la personne, du médecin et de l'entourage vers la curabilité. De même Grivois parle de « psychose naissante » : une psychose au début peut tourner court ou se prolonger durablement suivant que l'on accueille le vécu du patient comme un simple jugement erroné causé par une maladie à venir ou comme l'expérience aiguë de la position centrale que l'homme occupe dans le monde.

La psychiatrie transculturelle nous fournit aujourd'hui des arguments forts pour affirmer : d'une part qu'il existe bel et bien un noyau dur symptomatique invariant, d'autre part que l'évolution ultérieure des troubles dépend non seulement de facteurs liés à la maladie elle-même mais aussi, et peut-être surtout, de facteurs économiques et culturels. Ceux-là influent non seulement sur le style expressif de la maladie mais aussi le style même des cliniciens.

CAUSES

« La schizophrénie est héréditaire. »

Ce qui donne à un individu sa valeur génétique, ce n'est pas la qualité propre de ses gènes. C'est qu'il n'a pas la même collection de gènes que les autres.

François Gros, François Jacob et Pierre Royer, *Sciences de la vie et Société,* 1971

Les observations empiriques et les études épidémiologiques montrent depuis longtemps que la schizophrénie est en partie d'origine génétique. On estime qu'un terrain génétique confère une vulnérabilité sur laquelle d'autres facteurs jouent pour que la maladie se déclare, ou bien que la schizophrénie est un syndrome hétérogène avec, dans certains cas, un déterminisme génétique très important, et, dans d'autres, un déterminisme où la génétique tient une part plus réduite, voire nulle.

Il est possible de différencier deux types principaux d'études génétiques, les études épidémiologiques, qui précisent les risques génétiques et l'héritabilité de la maladie, et les études de génétique moléculaire, qui essaient de déterminer très précisément les parties du génome qui pourraient faire courir ce risque.

Les études épidémiologiques cherchent à différencier la part de la génétique et celle de l'environnement. De nombreux éléments de réponse sont apportés par les études de jumeaux puisque les jumeaux homozygotes (« vrais jumeaux ») portent les mêmes gènes alors que les jumeaux dizygotes (« faux jumeaux ») ne sont pas identiques sur le plan génétique, et que tous partagent le même environnement. Une autre façon d'apprécier cette différence est d'effectuer des études sur des enfants adoptés puisqu'ils subissent l'influence environnementale de leurs parents adoptifs et l'influence génétique de leurs parents biologiques.

Les résultats de ces nombreuses études familiales montrent que le risque de schizophrénie est augmenté chez les apparentés des sujets atteints et que ce résultat est dû largement à une influence génétique plutôt qu'à une influence environnementale. L'héritabilité de la schizophrénie est comparable à celle du diabète traité par insuline et supérieure à celle du cancer du sein.

Lorsque l'on regroupe l'ensemble des études consacrées au risque de développer une schizophrénie chez les apparentés d'un sujet schizophrène, on trouve les pourcentages suivants : 48 % chez les jumeaux identiques, 17 % chez les jumeaux non identiques, 13 % chez les enfants, 9 % chez les frères et sœurs, 6 % chez les parents, 6 % chez les demi-frères ou demi-sœurs, 5 % chez les petits-enfants, 4 % chez les neveux et nièces, 2 % chez les oncles et les tantes, 2 % chez les cousins germains, et 1 % dans la population générale.

Les calculs des généticiens ont montré clairement que la schizophrénie n'était pas due à un seul gène mais correspondait à un mode de transmission complexe.

Pour mieux le comprendre, plusieurs types d'approche ont été utilisés grâce aux techniques récentes de biologie moléculaire : les analyses de liaison, la recherche d'anomalies chromosomiques et l'étude de gènes candidats. Dans le premier cas, il s'agit de voir si une région du génome est plus régulièrement que d'autres associée à l'apparition de la maladie, dans le deuxième, de voir si des anomalies chromosomiques sont plus souvent retrouvées chez les patients atteints de schizophrénie, et dans le troisième, d'étudier les gènes codant pour des protéines dont on sait qu'elles pourraient jouer un rôle dans les perturbations du fonctionnement cérébral des patients schizophrènes.

Ce qui rend ces études particulièrement difficiles est le fait que l'expression clinique de la maladie est très variée, qu'il en existe probablement des sous-groupes et qu'il faut donc mener des travaux particulièrement approfondis et complexes pour essayer de trouver des gènes de susceptibilité. Des instruments cliniques et des critères diagnostiques particuliers ont été mis au point spécialement pour ce type d'études. Une autre difficulté est de savoir où placer la limite du trouble : dans certains travaux, on inclut plutôt que la schizophrénie au sens strict du terme, un spectre* de troubles qui comprend aussi les troubles schizo-affectifs (association des symptômes de la schizophrénie et des symptômes des troubles de l'humeur) et les troubles de la personnalité proches de la schizophrénie.

Les très nombreux travaux menés au cours de ces dernières années ont débouché sur des découvertes prometteuses. Des études de liaison ont confirmé que pourraient jouer un rôle dans la schizophrénie un gène situé sur le chromosome 6 codant pour une protéine appelée dysbindine, et un autre porté par le chromosome 8 et codant pour la neuroguline 1. Ces deux protéines jouent un rôle dans le développement et la constitution du tissu cérébral.

Deux anomalies chromosomiques semblent prédisposer à la schizophrénie, dans certains cas toutefois. La première est une délétion (perte d'un fragment) du bras long du chromosome 22. La partie sur laquelle porte cette délétion contient plusieurs gènes jouant un rôle dans le métabolisme de certaines substances utilisées par le cerveau, ou code pour des protéines entrant dans la composition du tissu cérébral. La deuxième anomalie chromosomique consiste dans une translocation (échange de matériel génétique) entre les chromosomes 1 et 11. Cette translocation d'ailleurs ne concerne pas seulement la schizophrénie mais également deux autres troubles mentaux, les troubles bipolaires (alternance de dépressions et d'états d'excitation) et les dépressions récurrentes.

L'étude des gènes candidats n'a pas pour l'instant produit des résultats définitifs. Des résultats initiaux positifs ont souvent été démentis par les études ultérieures. Néanmoins le regroupement des différents résultats obtenus dans ce domaine attire l'attention sur les gènes qui codent pour deux récepteurs de la dopamine (les récepteurs D2 et D3) et pour un récepteur de la sérotonine (le récepteur 2A). Ces gènes ont été étudiés en raison du rôle très important joué dans le fonctionnement cérébral par ces deux neurotransmetteurs, d'autant plus que les transmissions dopaminergique et sérotoninergique sont très vraisemblablement perturbées dans la schizophrénie.

Les très nombreuses études génétiques menées chez les patients atteints de schizophrénie montrent de façon non discutable que la cause en est en partie génétique. D'autres facteurs, psychologiques ou biologiques, jouent également un rôle dans l'apparition et le développement de cette maladie. La puissance des instruments de recherche en génétique est devenue telle que l'on peut espérer que les premiers résultats positifs déjà obtenus soient approfondis et débouchent sur une meilleure connaissance des gènes de susceptibilité à la schizophrénie.

« La schizophrénie est une maladie du cerveau. »

L'esprit est un produit de l'organisation du cerveau tout comme la vie est un produit de l'organisation des molécules.

François Jacob, *Le Jeu des possibles*, 1981

Les causes des troubles mentaux ont toujours fait l'objet de controverses, avec d'un côté les tenants de l'organogenèse et de l'autre les partisans de la psychogenèse. Les premiers pensent que les altérations physiques du cerveau causent les maladies psychiques, les seconds, que ce sont plutôt les étapes du développement psychologique. Il s'agit de deux positions caricaturales, la réalité étant probablement entre les deux, mais cet entre deux n'est pas le même pour tous les troubles. S'il faut renoncer à tout réductionnisme biologique ou psychologique, on doit cependant admettre que nombreux sont les arguments faisant jouer aux facteurs biologiques un rôle prépondérant dans la schizophrénie.

À chaque époque on a recherché avec les moyens techniques dont on disposait des anomalies cérébrales chez les sujets schizophrènes. Les nombreuses anomalies découvertes permettent d'avoir une idée approximative des perturbations du fonctionnement cérébral des patients atteints de schizophrénie. Cependant la physiopathologie de cette maladie est loin d'être connue avec certitude.

L'étude du fonctionnement et des structures du cerveau est d'un abord difficile car cet organe n'est pas facilement accessible à l'observation directe. Cependant les nouvelles méthodes d'imagerie permettent un accès beaucoup plus facile qu'auparavant. Elles ont permis de retrouver dans la schizophrénie, avec une certaine constance, des anomalies morphologiques et fonctionnelles caractéristiques. Mais ces résultats doivent être interprétés avec précaution car ils ne sont pas retrouvés chez tous les patients schizophrènes et les mêmes anomalies peuvent parfois s'observer dans d'autres troubles mentaux, voire chez des sujets dits « normaux ».

Kraepelin et Bleuler considéraient déjà il y a plus de cent ans que la schizophrénie était une maladie provoquée par des désordres cérébraux. Cependant, les moyens d'investigations à leur époque ne permettaient pas d'en fournir de preuves très parlantes. Le premier à avoir étudié le tissu cérébral de patients atteints de schizophrénie a été Aloïs Alzheimer, à la fin du XIXe siècle, mais ces travaux initiaux n'ont pas apporté d'éléments notables. Tout change avec l'avènement de la tomodensitométrie (scanner) : dès 1976, Johnston et son équipe trouvent dans la schizophrénie un élargissement des cavités du cerveau où circule le liquide céphalo-rachidien. Par la suite, les études d'imagerie par tomodensitométrie et plus récemment par résonance magnétique (IRM) se sont multipliés et se comptent désormais par centaines. La première étude en IRM, due à Smith et collaborateurs, remonte à 1984.

Une revue récente qui prend en compte les résultats de 193 études en IRM menées entre 1988 et 2000 a permis d'établir certaines anomalies cérébrales présentes chez les patients schizophrènes, dont voici les plus indiscutables :

- élargissement des ventricules cérébraux ;
- anomalie dans la substance blanche et substance grise des lobes temporaux ;

- de façon moins fréquente, on retrouve également des anomalies dans les lobes frontaux et dans les lobes pariétaux.

Les ventricules cérébraux, le 3e ventricule et les deux ventricules latéraux sont situés à la partie la plus supérieure et récente du système nerveux central. On considère que leur élargissement dans la schizophrénie est lié à une diminution du volume du tissu cérébral. Le tissu cérébral de la partie la plus superficielle du cerveau (cortex) est composé, à sa surface, de la matière grise, qui contient un très grand nombre de neurones, et, en dessous, de la matière blanche, qui contient surtout les voies de transmission et de communication entre neurones, c'est-à-dire leurs prolongements, axones et dendrites. Le cortex est divisé en différentes parties dont chacune joue un rôle relativement bien identifié. C'est ainsi que se trouve dans le cortex temporal les aires auditives, mais, également, dans le cortex temporal profond, une grande partie du lobe limbique, qui participe à la vie émotionnelle et instinctive. Le cortex frontal joue un rôle dans le contrôle des actions, dans l'attention, dans les processus psychiques les plus élaborés. Par ailleurs, chaque partie du cortex est liée aux autres parties corticales mais également aux structures sous jacentes du système nerveux central.

Les techniques d'imagerie permettent non seulement d'étudier les structures cérébrales sur un plan quantitatif, mais aussi d'en étudier le fonctionnement : c'est ce qu'on appelle l'imagerie fonctionnelle. Une des hypothèses les plus constamment présentée dans la schizophrénie implique un dysfonctionnement des circuits qui relient le cortex frontal au cortex temporal et à des structures plus profondes comme le thalamus ou les noyaux de la base. Ce sont précisément ces structures qui sont diminuées de volume.

Comme le cortex frontal est le plus récemment apparu dans l'évolution, il est responsable des fonctions cérébrales les plus sophistiquées, comme la planification des actions et des raisonnements. Des anomalies touchant cette région — on parle souvent d' « hypofrontalité » — expliquent le manque de fluidité dans le fonctionnement cérébral observé dans la schizophrénie, les difficultés d'attention et d'intégration des informations. Par ailleurs, le cortex temporal, notamment dans sa partie profonde, joue un rôle essentiel dans la vie émotionnelle, et son mauvais fonctionnement peut engendrer des symptômes tels que ceux observés dans la schizophrénie.

Plusieurs neuromédiateurs ont été mis en cause dans la schizophrénie, et des anomalies dans les circuits utilisant la dopamine, la sérotonine ou l'acide glutamique s'intègrent à celles décrites au niveau anatomique et fonctionnel. Pendant longtemps, l'hypothèse dopaminergique a prévalu, d'autant que c'est un neuromédiateur utilisé notamment par les neurones reliant le cortex frontal au cortex limbique. L'hypothèse dopaminergique a reposé aussi sur des arguments thérapeutiques puisque les antipsychotiques ont tous le pouvoir de bloquer les récepteurs dopaminergiques. Plus récemment, l'attention a été attirée sur la sérotonine et l'acide glutamique, ce dernier étant un acide aminé excitateur. Comme ces différents systèmes sont reliés entre eux, les explications ne sont pas contradictoires mais probablement complémentaires.

À un niveau plus microscopique, on a également mis en évidence des anomalies fines du tissu cérébral. D'autres études ont cherché à relier les anomalies anatomiques et fonctionnelles à un niveau plus clinique. C'est ainsi que les études fonctionnelles d'imagerie ont attribué la symptomatologie délirante à une augmentation des débits sanguins cérébraux dans la région parahypocampique gauche avec extension dans le lobe temporal, le syndrome de discordance* à une hypoperfusion pariétale et frontale, le syndrome déficitaire à une diminution des débits sanguins dans le cortex préfrontal, de façon plus marquée à gauche.

Ces études tendent aussi à confirmer que les hallucinations verbales des schizophrènes impliquent à la fois une excitation auditive trop vive et la production du langage intérieur. En effet, au moment où elles se produisent, sont activées simultanément les aires liées au langage, les aires associatives et, ce qui est plus surprenant et témoigne de leur caractère sensoriel souvent marqué, les aires auditives primaires.

Il est difficile de dresser un tableau cohérent et simple de l'ensemble des résultats obtenus grâce aux différentes méthodes d'exploration du cerveau. Il semble acquis que le cerveau des schizophrènes présente des anomalies structurales et fonctionnelles qui touchent principalement les zones participant au contrôle de l'action et des émotions. Ces résultats débouchent sur des hypothèses concernant les causes de la schizophrénie, en particulier l'hypothèse neurodéveloppementale. Mais ils appellent aussi un commentaire plus philosophique : nous sommes fascinés par l'imagerie fonctionnelle car elle nous montre le cerveau en activité, mais on ne voit pas pour autant avec elle le cerveau halluciner ou penser. Il serait illusoire d'en faire aujourd'hui une méthode diagnostique mais elle nous impose une réflexion sur la nature des liens entre cerveau et fonction, anatomie et subjectivité : c'est, comme le disait le psychiatre américain Erwin Straus, « l'homme qui pense et non pas le cerveau ».

« Une maladie pendant la grossesse peut entraîner plus tard une schizophrénie chez l'enfant. »

Le début ne laisse pas présager la fin

Hérodote, *Histoire*, Ve s. av. J.-C.

Comme le terme de démence précoce l'indique, on a longtemps cru que la schizophrénie était liée à un processus de dégénérescence du cerveau survenant à la fin de l'adolescence ou au début de l'âge adulte. Cependant, depuis les années 1970, l'hypothèse la plus souvent retenue est l'hypothèse neurodéveloppementale. Selon cette hypothèse, des anomalies du développement cérébral seraient à l'origine de la schizophrénie. L'hypothèse neurodéveloppementale repose sur un faisceau d'arguments de nature diverse. Les uns sont apportés par les études d'imagerie, les autres par les études histologiques du cerveau des sujets schizophrènes, d'autres enfin par des études épidémiologiques.

Grâce à la tomodensitométrie (scanner) et l'imagerie par résonance magnétique (IRM), on a mis en évidence de façon assez constante une diminution du volume du cortex cérébral dans la schizophrénie. Ce qui a frappé les auteurs de ces études est la présence de ces anomalies dès le début de la maladie et le fait qu'elles ne semblent pas évoluer beaucoup par la suite. Cette observation a donc laissé penser que le processus à l'origine de ces anomalies était bien antérieur à l'éclosion des premiers symptômes et devait donc remonter aux différentes étapes du développement cortical. Certaines observations privilégiées ont montré aussi que les anomalies du volume cérébral préexistaient à la maladie.

Ces constatations à l'échelle macroscopique ont suscité des travaux au niveau microscopique. Les résultats obtenus sont beaucoup moins nombreux et concluants que ceux issus des études d'imagerie. Cependant, ils sont compatibles, pour une grande part, avec l'hypothèse neurodéveloppementale.

Par ailleurs, l'existence d'anomalies cliniques mineures, neurologiques ou psychologiques, pendant l'enfance et l'adolescence des patients qui plus tard développeront une schizophrénie, a renforcé l'idée d'une atteinte cérébrale précoce.

Devant ces données, deux questions se posent : si l'atteinte est précoce, pourquoi la maladie se déclare-t-elle seulement à la fin de l'adolescence ou au début de l'âge adulte, et quelles sont les causes possibles de ces anomalies du développement ?

Pour répondre à la première question, on a fait appel à plusieurs hypothèses. Certains processus de maturation cérébrale ne se terminent qu'à l'adolescence. Il s'agit principalement de la myélinisation du cortex frontal : par ce processus, les prolongements neuronaux s'entourent d'une gaine de myéline, ce qui accélère la transmission de l'influx nerveux. L'élagage synaptique se termine également à l'adolescence : le nombre de synapses, c'est-à-dire de structures par lesquelles les neurones communiquent entre eux, décroît de façon spectaculaire tout au long de l'enfance et de l'adolescence, si bien que leur nombre à l'âge adulte est divisé presque de moitié par rapport à ce qu'il est à la naissance. On a donc postulé une interaction entre les anomalies précoces et ces processus de maturation, ou bien que la même anomalie entraînait une perturbation du développement précoce du cerveau et de ces processus de maturation plus tardifs.

Quelles sont les causes pouvant entraîner une anomalie du développement cérébral à l'origine de la schizophrénie ? Il faut citer en premier lieu les causes génétiques. Certaines des anomalies génétiques récemment mises à jour concernent des molécules qui jouent un rôle dans le développement cérébral. Des perturbations environnementales pendant la grossesse pourraient également jouer un rôle. Il peut s'agir soit de difficultés lors de l'accouchement, soit de perturbations plus précoces liées à des agents environnementaux comme certains virus ou la malnutrition. Un des candidats les plus sérieux est le virus de la grippe. Une étude récente menée aux États-Unis montre qu'en cas de grippe maternelle avérée, le risque pour l'enfant à naître de développer une schizophrénie serait multiplié par sept. Précédemment, on se fondait sur des arguments indirects et notamment sur un phénomène observé depuis très longtemps, l'excès de naissance de patients schizophrènes au cours de l'hiver et du printemps, dans l'hémisphère Nord. Cet excès de naissances hivernales et printanières a été rapporté pour la première fois en 1929 et confirmé amplement depuis. Cependant, il est relativement faible puisqu'il se situe entre 5 et 10 %. Pour l'expliquer, on fait appel soit à la température, soit plus vraisemblablement à des infections virales, en particulier par le virus de la grippe. D'autres études épidémiologiques portant sur des périodes de malnutrition ou de famine dans tel ou tel pays, semblent indiquer qu'une mauvaise alimentation au cours de la grossesse favoriserait l'apparition plus tard de schizophrénie.

Les complications plus tardives de la grossesse ont également été mises en cause, mais leur contribution serait de toute façon faible. Parmi elles, citons l'incompatibilité rhésus, le diabète, l'éclampsie. En dehors de ces maladies qui peuvent survenir en fin de grossesse, on a également mis en cause les complications survenant au moment même de l'accouchement. Enfin, comme facteur favorisant, on cite une croissance du fœtus trop faible ou anormale (malformation congénitale, diminution du périmètre crânien).

Comme on le voit, l'hypothèse neurodéveloppementale de la schizophrénie a jeté des éclairages nouveaux sur les éventuelles causes de la schizophrénie, sans apporter de solution à cette question très complexe. Il faut ajouter que des travaux plus récents, notamment en imagerie, montreraient que les lésions cérébrales sont malgré tout évolutives après le déclenchement de la maladie et que l'on ne peut pas limiter le processus biologique à l'origine de la schizophrénie à une anomalie du développement.

Tous ces éléments vont dans le sens des modèles de vulnérabilité. Dans ces modèles, un terrain propice, biologique surtout, mais également lié aux premières phases du développement psychologique, constituerait un terrain de fragilité sur lequel des évènements ultérieurs, eux aussi de nature biologique ou psychologique, viennent jouer pour que la maladie schizophrénique se développe. L'hétérogénéité et la diversité des facteurs en cause sont à mettre en relation avec l'hétérogénéité et la diversité des tableaux cliniques que l'on peut rencontrer dans cette maladie, qui très probablement ne répond pas à une cause unique.

« On devient schizophrène en fumant du cannabis. »

Chaque touffe d'herbes cache un ennemi.

Léopold Sédar Senghor, *Teddungal*, 1956

Toutes les enquêtes le montrent, les patients atteints de schizophrénie prennent plus que les autres des produits illicites, ou des drogues licites comme le tabac et l'alcool. Cette donnée peut s'expliquer de deux manières : la substance est utilisée pour les modifications psychiques qu'elle entraîne par des sujets qui les jugent profitables, ou bien ces substances favorisent l'éclosion de la maladie et contribuent à son développement. Il est assez difficile de trancher entre ces deux explications, qui d'ailleurs ne sont pas exclusives et peuvent varier selon les substances consommées. L'alcool par exemple peut être bu pour combler un vide ou calmer l'angoisse. Mais il peut aussi entraîner une aggravation de la symptomatologie ou empêcher les médicaments d'agir.

Les substances hallucinogènes produisent parfois des tableaux cliniques pouvant faire songer à la schizophrénie. On utilise d'ailleurs le terme de pharmaco-psychose pour désigner ces symptômes psychotiques provoqués par des substances modifiant de façon marquée le psychisme, en particulier le LSD, l'ecstasy, les champignons hallucinogènes, pour citer les plus communément utilisés. Cependant, ces états d'intoxication avec symptômes psychotiques sont aigus et cèdent rapidement à l'arrêt de la prise de la substance en cause. En revanche, sur un terrain favorable, ces produits semblent favoriser le développement de la schizophrénie. Enfin, dans la forme de schizophrénie possédant une composante antisociale, appelée « héboïdophrénie », on note une appétence particulière pour les drogues et une capacité à développer des dépendances.

Ces dernières années, en raison même de sa large utilisation, le cannabis a attiré l'attention des chercheurs. De nombreux travaux indiquent que ce produit maintenant très largement consommé, notamment par les collégiens et les lycéens, est loin d'être anodin. Certains auteurs considèrent qu'il peut même provoquer ou favoriser le développement de la schizophrénie.

Le cannabis a vu son usage s'étendre largement dans la population française à partir des années 1960. L'observatoire français des drogues et des toxicomanies a constaté ainsi que près de 60 % des garçons ont fumé du cannabis avant l'âge de 17 ans et que 15 % d'entre eux en font un usage régulier dès cet âge.

Le cannabis se consomme sous différentes formes, mais il est le plus habituellement fumé. Il contient un principe actif : le tétra-hydro-cannabinol (THC). On connaît dans l'espèce humaine deux récepteurs du THC, un premier qui est cérébral, un second qui est périphérique (il est notamment associé aux cellules du système immunitaire). Les récepteurs cérébraux se trouvent dans une grande variété de zones cérébrales, d'où la multiplicité des effets psychiques du cannabis.

Le THC est éliminé très lentement de l'organisme, si bien qu'il n'entraîne pas de phénomènes de sevrage brutaux. De tous les agents toxicomanogènes, le THC est le seul qui se stocke longtemps dans l'organisme. L'usage en est souvent occasionnel, mais chez environ 20 % des sujets qui l'utilisent de façon occasionnelle, se développe une utilisation régulière et une dépendance à la fois psychique et physique. Le cannabis n'est pas considéré comme une drogue dure pour la seule raison qu'en cas de prise massive (overdose), il n'y a pas de risque mortel, contrairement à ce que l'on observe avec l'héroïne ou la cocaïne.

Le cannabis est doté de nombreux effets psychiques : il diminue l'anxiété et provoque une sédation. Dans certains autres cas, son usage peut entraîner l'apparition de crises d'angoisse aiguës et le développement secondaire d'une agoraphobie. Il entraîne une diminution de l'attention, de l'éveil, un émoussement affectif, un défaut de motivation. Cela explique pourquoi les forts consommateurs de cannabis vivent en retrait, détachés de leur environnement. Il altère également la mémoire et le sens de la temporalité. Le cannabis est accusé aussi d'être à l'origine d'états dépressifs. L'état d'ivresse cannabique est parfois proche d'un état délirant avec hallucinations. Tout cela explique le lien entre cannabis et schizophrénie.

Il est des cas où l'usage du cannabis est postérieur au début de la schizophrénie. Il est consommé dans un but « d'automédication », mais c'est une automédication dangereuse, car, après un soulagement initial éventuel, l'usage habituel du cannabis risque d'aggraver la symptomatologie schizophrénique. Il est d'autres cas où un usage massif du cannabis entraîne une pharmaco-psychose* aux caractéristiques cliniques différentes de la schizophrénie et surtout qui cesse avec l'usage du cannabis.

Enfin, de nombreuses études établissent un lien entre décompensation schizophrénique et usage du cannabis. Une étude portant sur 50 000 conscrits suédois a montré par exemple que le fait d'avoir fumé plus de 50 joints dans sa vie pourrait accroître d'un facteur 6 le risque de devenir schizophrène et qu'une société sans cannabis pourrait diminuer de 13 % le nombre de ses schizophrènes. Un usage précoce du cannabis serait particulièrement dangereux.

D'autres études épidémiologiques vont dans le même sens, montrant qu'avant l'apparition de tout symptôme psychotique, l'usage régulier du cannabis est un facteur de risque pour développer plus tard une schizophrénie, même lorsque l'on contrôle les autres variables conférant un plus grand risque de schizophrénie. Certains auteurs ayant passé en revue la littérature consacrée à ce sujet considèrent que l'usage du cannabis multiplie par deux le risque de développer plus tard une schizophrénie.

On pourrait expliquer cet effet du cannabis par sa propriété de modifier la transmission dopaminergique dans certains circuits cérébraux, facilitant ainsi l'apparition de symptômes schizophréniques, notamment l'apparition de symptômes positifs comme les hallucinations et les idées délirantes.

Le cannabis n'est ni une condition nécessaire ni une condition suffisante pour développer une schizophrénie, puisque tous les schizophrènes ne fument pas du cannabis et que tous les fumeurs de cannabis ne deviennent pas schizophrènes, de même que tous les fumeurs de tabac ne sont pas atteints d'un cancer du poumon et que tous les buveurs excessifs ne souffrent pas de cirrhose du foie. Cependant, chez des sujets vulnérables, il est désormais à peu près clairement démontré que le cannabis constitue un élément favorisant l'apparition de la schizophrénie, notamment chez les sujets qui débutent la consommation à un âge précoce.

« Ce sont les autres qui sont malades. »

Je pense que les schizophrènes ont plus de choses à apprendre aux psychiatres sur leur monde intérieur que les psychiatres aux malades.

Ronald Laing, *Le Moi divisé*, 1970

Pour la grande majorité d'entre nous, la santé mentale est quelque chose qui va de soi. Lorsque nous souffrons moralement, nous sommes enclins à penser que ce sont les relations avec les autres qui nous font souffrir. Il ne nous viendrait pas à l'idée de penser que c'est nous qui sommes malades si quelqu'un nous pousse à bout sous le prétexte que nous ne nous comportons pas comme il l'entend. Ces arguments, parce qu'ils vont de soi, sont aussi ceux qu'utilisent les malades tant qu'ils n'ont pas pris conscience de leur maladie : ce n'est pas moi, c'est l'autre. On parle alors volontiers de « déni de la maladie » ou de « défaut d'insight ». Mais dans quelle mesure autrui ou la société peuvent-ils être vraiment impliqués ?

Dans les années soixante, l'idée a germé que la schizophrénie n'était peut-être pas une maladie en soi, mais une forme individuelle de réponse à une pression sociale devenue intolérable. Ce courant, dit antipsychiatrique, était très inspiré par les travaux de Michel Foucault. Il faisait de la psychiatrie l'instrument du pouvoir politique, économique et religieux depuis son invention comme discipline médicale, doutait fortement de la réalité clinique de la maladie et se révoltait contre la violence implicite de l'enfermement, des « camisoles chimiques » et de notre modèle social marqué par le libéralisme. À cette époque, deux psychiatres, Ronald Laing et David Cooper, fondent à Londres des lieux d'accueils thérapeutiques (Kinsley Hall) où les malades sont responsabilisés dans leur propre prise en charge afin de reprendre le pouvoir sur leur vie. On y laisse le délire*, pensé comme une sorte de voyage, évoluer jusqu'au bout. Le thérapeute l'accompagne sans toutefois quitter le sol, on l'espère, de sa propre santé mentale. Au même moment Jean Oury en France, avec Gilles Deleuze et Félix Guattari, dénonce la confusion de l'aliénation clinique et de l'aliénation sociale et applique dans sa clinique de la Borde des principes plus proches de ceux de la psychothérapie institutionnelle que de l'esprit communautaire qui prévalait en Angleterre ; Franco Basaglia transforme l'hôpital de Trieste en musée et libère la plupart des patients qui y sont hospitalisés ; derrière un cheval bleu en carton-pâte défilent dans toutes les provinces malades et militants, la loi de 1978 ferme en Italie définitivement les asiles. Des films (*Family life*, *Vol au dessus d'un nid de coucou*), des autobiographies (Mary Barnes) ont popularisé ces mouvements qui dans l'envolée de soixante-huit étaient dans l'air du temps. Qu'en reste-t-il ? En Italie, la fermeture des asiles a laissé de nombreux malades à la rue, ou dans les institutions religieuses. De même, la lecture militante que fait Foucault de l'Histoire ne tient guère. Robert Castel, Gladys Swain, Marcel Gauchet, Jacques Postel ont montré ses lacunes. L'acte fondateur de la psychiatrie au XVIIIe siècle n'a pas été le « grand renfermement » des malades mentaux dans les asiles, mais au contraire, la médecine gagnant du terrain sur la religion, comme le dit Pénochet : « la réintégration de l'insensé dans le cercle de la relation humaine ». La clinique est faite de l'accumulation et de la régularité des faits : nous ne pouvons pas, considérant les faits, ne pas croire fermement à l'existence de la maladie.

Est-ce à dire qu'il n'y a pas de pouvoir psychiatrique, et que les thèses de l'antipsychiatrie sont toutes aujourd'hui caduques ? Bien avant elle, au XIXe siècle déjà, des abus étaient dénoncés, et le primat de la raison remis en cause. La réalité clinique est influencée par la façon dont moi et l'autre nous nous reconnaissons mutuellement. La norme et la construction sociale des maladies sont aussi une affaire de pouvoir. Quoiqu'on ne puisse plus adhérer à ses thèses historiques, Pierre-Henri Castel fait remarquer qu'on peut trouver encore dans la pensée critique de Foucault les plans implicites d'une « machine à ne pas se laisser influencer » par le pouvoir d'autrui.

C'est dans ce sens qu'on peut aussi comprendre l'actualité persistante de la pensée de Ronald Laing, ou tout au moins du courant phénoménologique-existentiel qui la sous-tend. Laing appelle : insécurité ontologique la position dans laquelle se trouve le schizophrène. Il y a chez le schizophrène une double rupture, dans ses rapports avec le monde qui l'entoure et dans ses rapports avec lui-même. Incapable de se sentir en harmonie avec les autres, chez lui dans le monde, incapable de cette mauvaise foi qui pour Sartre caractérise la vie quotidienne, il éprouve un sentiment extrême de désespoir. Se sent profondément isolé. S'en trouve d'autant plus affecté, abîmé par le monde. Face à autrui, il se sent vulnérable, a peur de se perdre dans l'autre, voit trop vite des éléments de la réalité empiéter sur sa vie intérieure et devenir persécuteurs. Il se pétrifie même parfois (comme dans la catatonie*) comme si autrui pouvait le transformer en une chose morte, sans autonomie ni subjectivité aucune. Curieusement, il ne souhaite pas nécessairement être compris car être compris le menace. Nous ne pouvons l'approcher que si nous acceptons de mettre momentanément entre parenthèses la plupart des convictions qui garantissent notre propre sécurité existentielle : le temps et l'espace vécus comme un continuum, doté d'une consistance, d'une authenticité et d'une valeur intérieures, en bref notre propre place dans le monde. Les schizophrènes ne sont pas affectés par le monde de la même manière que nous. Ils le sont davantage. Ils sont donc plus soucieux de se préserver, de sauvegarder leurs secrets, de ne pas devenir « la chose de quelqu'un d'autre », que d'être compris, tant leur seuil de sécurité est bas, et tant il est bas que la moindre des circonstances ordinaires de la vie les menacent. Tout le savoir que le psychiatre projette sur le schizophrène peut être vécu par lui comme un refus de le comprendre. La méthode employée par Laing est la phénoménologie de Husserl, à peine cachée derrière la philosophie de Sartre, plus politique. Husserl a appelé cette méthode : réduction, ou époché. Elle consiste à mettre temporairement de côté tout ce que l'on croit pouvoir savoir avec certitude à propos de nous-mêmes et du monde. Dans le cas de la rencontre psychiatrique : notre bonne santé, les valeurs qui lui sont attachées, mais aussi les catégories nosographiques. Et à interroger ce qui reste : la façon dont la santé se construit dans la relation aux autres, les effets par lesquels la maladie se manifeste en troublant la trajectoire biographique du sujet, le style affectif dans lequel le monde en lui-même se donne à la conscience de celui qui y participe. On aidera d'autant mieux le schizophrène que l'on aura compris combien il se sent vulnérable face à la norme sociale.

TRAITEMENT

« La schizophrénie ne se soigne pas. »

Guérir parfois, soulager souvent, consoler toujours.

Adage médical

Jusqu'aux années 1950, la plupart des patients atteints de schizophrénie, notamment dans ses formes les plus lourdes, vivaient en institution dans les hôpitaux spécialisés que l'on appelait aussi asiles. Mais, à partir des années 1950, l'évolution de la maladie a été radicalement transformée grâce à l'apparition de médicaments beaucoup plus actifs que les thérapeutiques utilisées précédemment. L'avènement de ces produits, appelés neuroleptiques, remonte à 1952. C'est une découverte française due principalement à Jean Delay, Pierre Deniker et leurs collaborateurs de l'hôpital Sainte-Anne à Paris.

Cette découverte a été effectuée sous l'impulsion d'un anesthésiste militaire, Henri Laborit, qui testait des médicaments susceptibles de limiter les conséquences du choc opératoire. Dans ce but, les laboratoires Rhône-Poulenc lui avaient donné à essayer la chlorpromazine, un produit de synthèse proche des antihistaminiques. Ses collègues psychiatres de l'hôpital militaire du Val-de-Grâce se sont aperçus que ce médicament pouvait calmer les états d'agitation, puis les psychiatres de l'hôpital Sainte-Anne ont montré qu'il pouvait aussi être utile dans les psychoses* chroniques, la schizophrénie en particulier. Le premier neuroleptique était né.

D'autres allaient ensuite rapidement voir le jour et à leur suite les autres classes de médicaments psychotropes, antidépresseurs, anxiolytiques, régulateurs de l'humeur.

Auparavant, divers traitements étaient utilisés dans la schizophrénie, mais avec des résultats mitigés. Avant l'avènement des neuroleptiques, on recourait dans les pathologies mentales les plus lourdes aux thérapeutiques dites de choc, en particulier l'électroconvulsivothérapie, appelée plus communément « électrochoc ». Il existait également les chocs à l'insuline, par lesquels on provoquait un coma hypoglycémique chez les patients. Ces méthodes de choc permettaient d'obtenir certains bons résultats dans la schizophrénie. Il arrivait aussi malheureusement que l'on en vienne à opérer le cerveau des patients en sectionnant des fibres nerveuses dans la substance blanche (lobotomies et leucotomies).

Les conséquences de l'introduction des neuroleptiques sur l'évolution de la schizophrénie ont été profondes. Ces médicaments ont permis à un grand nombre de patients de sortir du milieu hospitalier et de vivre « dans la cité », mais dans des conditions souvent difficiles, moins protectrices. L'hôpital, s'il n'est plus en principe un lieu de séjour à long terme, reste un recours temporaire lors des moments de crises. Les hospitalisations ont alors parfois lieu sans le consentement du patient, surtout lorsque l'agitation, le délire* ou les idées morbides font courir un grand risque au patient ou à son entourage.

Certains symptômes, notamment l'agitation, les hallucinations et les idées délirantes, sont assez bien combattus par les traitements anti-psychotiques. Cependant les symptômes déficitaires* et la discordance y restent moins sensibles, même si les antipsychotiques les plus récents peuvent être plus actifs sur ce plan. Le traitement neuroleptique a toujours constitué la pierre angulaire du traitement médicamenteux, mais il doit parfois s'associer à d'autres médicaments psychotropes, les anxiolytiques pour calmer les manifestations d'angoisses trop pénibles, ou les antidépresseurs lors des phases de dépression que l'on observe de façon non exceptionnelle au cours de l'évolution de la schizophrénie. Enfin, dans les formes de schizophrénies qui s'associent à des troubles de l'humeur (troubles schizo-affectifs), le traitement médicamenteux inclut un régulateur de l'humeur, appelé aussi normothymique ou thymorégulateur.

La prise en charge et le traitement de la schizophrénie ne se limitent pas à la prescription médicamenteuse. Ils comportent aussi des mesures d'ordre psychologique et social. En ce qui concerne les traitements psychologiques, le patient schizophrène doit bénéficier au minimum d'une psychothérapie de soutien, c'est-à-dire d'entretiens réguliers faisant le point sur l'évolution des symptômes, les effets des traitements et les événements qui ont pu le déstabiliser. Dans certains cas, les mesures psychologiques sont plus soutenues : on peut indiquer des psychothérapies d'inspiration freudienne et des psychothérapies familiales.

Plus récemment ont été proposés aux patients schizophrènes une adaptation des thérapies cognitivo-comportementales et des programmes de psychorééducation (on parle aussi plus globalement de programmes de réhabilitation) afin de développer les aptitudes sociales, favoriser une meilleure gestion du traitement médicamenteux et aider à mieux faire face à l'apparition des symptômes les plus gênants, comme par exemple les hallucinations.

Outre les thérapies familiales, il existe aussi, destinés aux familles, des programmes d'informations sur la nature de la maladie et la façon d'aider au mieux le proche qui en souffre. Il est à noter à ce sujet que le mot même de schizophrénie était très rarement prononcé : parfois le patient et sa famille avaient des difficultés à connaître le diagnostic de l'affection pour laquelle le psychiatre était consulté. Cette attitude a bien évolué au cours de ces dernières années et une plus grande transparence a pu s'instaurer, même si le mot de schizophrénie reste stigmatisant. D'une façon générale, l'annonce du diagnostic, lorsqu'elle est faite clairement et avec prudence, permet au patient de mieux s'approprier sa maladie en l'intégrant dans sa trajectoire de vie.

Les mesures sociales visent principalement à aider le patient atteint de schizophrénie à sortir de son isolement et à lui donner les moyens de se loger, de subsister et d'avoir une activité professionnelle. L'hôpital aussi a des vertus thérapeutiques si l'on tient compte des interactions sociales qui s'y déroulent, et notamment du contexte institutionnel dans lequel elles trouvent du sens. Ce contexte, qui a donné son nom à un courant historique de la psychiatrie française (la psychothérapie institutionnelle) dépasse le seul établissement de soin et présuppose l'ensemble des institutions qui permettent aux hommes de vivre ensemble. Ce courant est resté fidèle en cela aux enseignements des aliénistes du XIXe siècle. Esquirol disait : « Une maison d'aliénés est un instrument de guérison : entre les mains d'un médecin habile, c'est l'agent thérapeutique le plus puissant contre les maladies mentales. » Au sein de ce courant, l'étude des remaniements psychiques provoqués par la vie en institution s'est inspirée principalement des apports de la psychanalyse, mais aussi de l'approche systémique qui étudie les interactions entre individus plutôt que les individus eux-mêmes.

Enfin, à côté de ces mesures médicales et sociales, il faut faire une part aux initiatives émanant des patients et de leur famille à travers les associations qui ont été créées pour les regrouper. On assiste aussi depuis ces dernières années au développement de clubs thérapeutiques, où les patients se retrouvent entre eux dans un esprit d'entraide.

La schizophrénie est la maladie de toute une vie. Elle nécessite une prise en charge précoce. On a montré que plus tôt le traitement était instauré, meilleure était l'évolution. D'ailleurs, ces dernières années des programmes de dépistage et d'intervention précoces ont été créés pour détecter la maladie dès ses manifestations initiales et pour améliorer encore le pronostic. Les soins et les réponses thérapeutiques nécessités par la schizophrénie sont complexes et variés. Ils doivent être orchestrés par un psychiatre référent. Ce repère est fondamental pour le patient. C'est ce psychiatre référent qui organise l'ensemble du programme thérapeutique et les diverses mesures d'ordre médicamenteux, psychologique et social qu'il doit comporter.

« Pour aller mieux, il faut travailler. »

Il est bon d'avoir toujours un travail suivi
qui nous commande, qui fixe nos idées
et qui rattache à lui les idées éparses
et les moments décousus de notre vie.

Maine de Biran
Influence de l'habitude sur la faculté de penser, **1803**

Une idée profondément ancrée dans nos têtes est que pour être heureux, il faut obligatoirement travailler, et c'est pour nous depuis 1848, un droit. Léon-Paul Lafargue, le gendre de Karl Marx, revendiquait pourtant un « droit à la paresse », signalant cette « étrange folie » qu'est « l'amour du travail, la passion moribonde du travail, poussée jusqu'à l'épuisement des forces vitales de l'individu et de sa progéniture ». S'il est certain que le travail détermine la structure de notre réalité quotidienne, faut-il rappeler que l'étymologie (*tripalium* : un outil fait de trois pieux qui servait à fatiguer les chevaux en vue de leur dressage) l'assimile bel et bien à la torture ? Concernant les schizophrènes, la question du travail est d'autant plus épineuse que la situation économique ne facilite pas, en dépit de toutes les mesures prises en faveur des handicapés, l'insertion des plus défavorisés, et que la maladie schizophrénique en elle-même, quelle que soit la bonne volonté du patient, est aussi une maladie de l'effort et de l'engagement.

Pour faciliter l'insertion des personnes handicapées dans le milieu de travail, un statut spécifique a été créé et peut être reconnu par la COTOREP quand la personne en fait la demande (Reconnaissance de la Qualité de Travailleur Handicapé : RQTH). La RQTH, une très bonne mesure, ouvre à un droit que l'on peut ou non faire valoir au moment de la recherche d'emploi, et permet d'accéder à des postes réservés en milieu professionnel ordinaire. La loi impose en effet un quota d'emplois réservés et un organisme, l'AGEFIPH, favorise son exécution en accordant aux entreprises qui en font la demande une prime à chaque poste pourvu ou en prélevant une somme auprès des entreprises qui s'y refusent. On propose également toutes sortes de formations professionnelles qui vont de la simple remise à niveau à l'apprentissage spécialisé, certaines dans le cadre du RMI, d'autres en milieu protégé comme les centres de postcure. Quand aucune formation professionnelle n'est possible, ou lorsque plusieurs d'entre elles ont été mises en échec par la maladie, le sujet est fréquemment orienté en CAT (centre d'aide par le travail). Les CAT, pour la plupart mieux adaptés aux handicapés mentaux, conviennent rarement aux patients schizophrènes, soit qu'ils fonctionnent comme de petites entreprises soumises aux lois du marché, soit qu'ils proposent des activités répétitives ne nécessitant qu'une très faible qualification.

À une personne jeune, on propose de préférence une prise en charge médico-pédagogique, comme celle proposée par les établissements de la Fondation Santé des Étudiants de France, mais leur nombre excessivement faible à ce jour n'est pas à la hauteur de la demande. Toutes ces démarches, très pratiques une fois qu'elles ont abouti, ont en commun la lenteur des procédures, difficulté qui explique parfois le capotage du projet. Ébauché deux ans auparavant, celui-ci vient à manquer de sens le jour de sa mise en œuvre, si distant aura été le moment de l'esquisse de celui de son exécution, si fragile aussi le désir d'un patient pour qui ce n'est peut-être qu'un pis-aller dont l'acceptation suppose le renoncement douloureux à ses aspirations antérieures.

Pour les patients et leurs familles, la réinsertion reste un véritable parcours du combattant dans lequel ils doivent être aidés par les travailleurs sociaux dont c'est le principal travail au sein de l'équipe soignante. Ces difficultés administratives sont conditionnées par le fait que la plupart des structures de réinsertion se trouvent à l'interface de deux champs distincts : le médical et le social pour les plus âgés, le médical et le pédagogique pour les plus jeunes.

Il est admis par tous que le travail soigne. Sont proposés à cet effet couramment dans les établissements psychiatriques des ateliers d'ergothérapie. Dans le travail, ce qui soigne, c'est tout bonnement l'effort. Qu'il s'agisse de sport ou de la production d'un objet matériel, d'une activité artistique ou d'un apprentissage, le sentiment d'effort – le philosophe Maine de Biran l'avait déjà montré au XIXe siècle - est une étape importante dans la construction de la conscience de soi, car il rassemble l'être en le dirigeant vers un tout cohérent et peut être reconnu par autrui. Tous les processus de soin donnés aux schizophrènes passent par un réapprentissage de l'effort car notre réalité est avant tout une réalité de travail, celle-là même qui manque au schizophrène. Le travail ne présuppose pas que des compétences et des outils, il nous engage aussi auprès des autres et nous impose d'organiser notre temps. Il a en soi une force de rappel qui nous impose de vivre en suivant le fil du sens commun. Cette force de rappel en fait, avec le logement, le vecteur essentiel de la réinsertion.

Pour autant, le travail est pour beaucoup de schizophrènes un véritable défi, un risque de souffrance tout autant qu'une voie de guérison. Certains ont sans doute raison de se protéger en reportant la question sur un plan plus philosophique : pourquoi travailler ? Est-ce la nécessité ou le désir qui nous y poussent ? deux notions problématiques pour les personnes schizophrènes, car elles impliquent soit un engagement dans la réalité pratique, soit un engagement dans un processus d'identité personnelle. Il faut savoir accepter qu'il puisse y avoir dans la vie des personnes schizophrènes de longues phases de plateau pendant lesquelles, apparemment, il ne se passe rien. Cette stratégie de repli positif, qui s'effectue en profondeur, dans l'ombre, donne le temps à la personne de saisir la signification constructive de ses efforts sans pour autant s'épuiser, de modérer la hauteur de ses aspirations, d'ajuster son idéal à ses capacités.

Le travail des schizophrènes se réduit parfois à un pur travail intellectuel dont, comme celui des artistes, il ne faut pas attendre qu'il soit économiquement productif pour en reconnaître la dignité. Pour d'autres, une fois trouvé, le travail devient un bon moyen de prendre leur place dans la réalité quotidienne ; il participe alors pleinement à la stabilité, voire à la guérison.

« Les schizophrènes doivent prendre des médicaments à vie. »

L'une des perspectives les plus fécondes de la psychiatrie d'aujourd'hui est celle qu'ouvre le développement récent de la Psychopharmacologie. Grâce à lui, nous disposons déjà de différentes séries de composés chimiques capables de modifier radicalement l'activité mentale et le comportement, et de les faire varier de manière prévisible et contrôlable.

Jean Delay, Pierre Deniker,
Méthodes chimiothérapiques en psychiatrie, 1961.

L'avènement des premiers neuroleptiques au début des années 1950 a profondément modifié le pronostic de la schizophrénie. Les progrès accomplis en psychopharmacologie permettent désormais de parler de rémission complète ou partielle. Les mesures médicamenteuses doivent être associées aux autres mesures thérapeutiques, psychologiques et sociales.

Le traitement médicamenteux repose principalement sur les médicaments neuroleptiques, plus volontiers appelés désormais antipsychotiques. Ces médicaments calment l'agitation, possèdent des propriétés antihallucinatoires et antidélirantes. Certains d'entre eux peuvent aussi être efficaces sur les symptômes négatifs de la schizophrénie. Ce ne sont pas des traitements curatifs qui s'attaquent aux causes de la maladie mais leur grande efficacité symptomatique impose leur utilisation.

On distingue deux grandes catégories d'antipsychotiques (voir tableau pages suivantes) : les uns sont dits classiques car ils correspondent à la définition des premiers neuroleptiques qui incluait leurs effets neurologiques (voir plus loin), les autres, de découverte plus récente, sont dits atypiques car ces effets neurologiques sont moins importants. Désormais, on utilise généralement, en première intention, les antipsychotiques atypiques, car ils ont moins d'inconvénients et sont plus actifs chez certains patients. Les recherches pharmacologiques se poursuivent pour trouver des molécules antipsychotiques encore mieux tolérées et plus actives que les produits actuels.

Les effets secondaires des antipsychotiques sont très nombreux et variables selon les catégories. Récemment, on a attiré l'attention sur leurs effets cardiaques, car ils peuvent entraîner des morts subites chez certains patients, si bien qu'il est indispensable d'effectuer un électrocardiogramme avant de les prescrire. Un grand nombre d'antipsychotiques entraîne des effets secondaires métaboliques en augmentant le poids, la glycémie, le cholestérol et les triglycérides dans le sang. Ils nécessitent donc une surveillance biologique et des conseils hygiéno-diététiques.

Les neuroleptiques classiques agissant à faible dose ont surtout des effets secondaires neurologiques. Il s'agit principalement de l'induction d'un syndrome parkinsonien pouvant être corrigé par des antiparkinsoniens. Les antipsychotiques classiques agissant à plus forte dose ont surtout des effets secondaires neurovégétatifs (hypotension notamment). On a décrit également des effets secondaires psychiques (création d'un état d'indifférence) et endocriniens (notamment l'élévation du taux de prolactine, ce qui peut entraîner chez l'homme une impuissance et chez la femme une perturbation du cycle menstruel, voire la disparition des règles). Les autres effets secondaires sont moins fréquents ou moins gênants.

La clozapine (Leponex) constitue une exception. Ce médicament peut une fois sur cent à deux cents entraîner une diminution du nombre des globules blancs (leucopénie), voire la disparition d'une catégorie de globules blancs, les polynucléaires neutrophiles (agranulocytose). C'est la raison pour laquelle la prescription de ce médicament est réservée aux formes de schizophrénie n'ayant pas répondu à deux autres traitements antipsychotiques prescrits suffisamment longtemps et à des doses suffisantes. Elle nécessite également la pratique d'un hémogramme (numération et formule sanguine) toutes les semaines pendant 18 semaines, puis tous les mois, afin de surveiller l'évolution du nombre des globules blancs et des polynucléaires neutrophiles.

Le mode d'action exact des antipsychotiques n'est pas connu, mais on sait qu'ils agissent à peu près tous au moins sur les récepteurs d'un neurotransmetteur : la dopamine. Selon les molécules, le mode d'action implique toutefois un grand nombre d'autres types de récepteurs. Au-delà de ces récepteurs, ils entraînent des modifications à l'intérieur des cellules neuronales, modifications encore insuffisamment connues.

Dans les formes à début aigu, les antipsychotiques sont instaurés en milieu hospitalier alors que dans les formes à début progressif, ils peuvent être instaurés en consultation. Le traitement neuroleptique doit être débuté prudemment, jusqu'à ce que les symptômes soient nettement améliorés. Puis, après plusieurs mois, on essaie de diminuer très progressivement le traitement afin de trouver la dose minimale efficace. Le traitement doit être poursuivi pendant de très longues années, voire à vie. L'arrêt du traitement antipsychotique est l'un des principaux facteurs de rechute.

Certains patients, surtout au début de la maladie, ne se sentent pas malades et ne voient pas la nécessité de prendre un traitement médicamenteux. C'est la raison pour laquelle ils ont tendance à l'interrompre, ce qui provoque une rechute. Chez les patients particulièrement opposés au traitement médicamenteux, on peut avoir recours aux antipsychotiques d'action prolongée. En effet, certains des produits administrés par voie orale peuvent également être donnés en injection intramusculaire toutes les deux, trois ou quatre semaines. Cette injection est une garantie que le traitement a bien été pris.

L'idéal serait de limiter le traitement antipsychotique à une seule molécule, mais les situations où il est nécessaire d'associer d'autres traitements médicamenteux sont relativement fréquentes. Il peut s'agir d'une part de correcteurs visant à lutter contre certains des effets secondaires des antipsychotiques. Dans les formes avec une certaine agitation, on peut être amené à prescrire deux antipsychotiques, en ajoutant un antipsychotique sédatif. Lorsque les manifestations d'angoisse sont particulièrement marquées ou même en cas d'agitation, les tranquillisants sont très efficaces. Il arrive assez souvent qu'un patient schizophrène connaisse des phases de dépression, avec le risque de suicide que cela comporte. Il est alors utile d'associer au traitement habituel un produit antidépresseur.

Il faut souvent tâtonner avant de trouver le traitement antipsychotique le mieux adapté à un patient donné, car il est impossible de prévoir la réaction de chaque patient à tel ou tel médicament. Il est frappant d'observer combien l'état d'un patient est parfois transformé par l'essai d'un nouveau médicament alors que les traitements précédents n'avaient donné que des résultats très partiels.

Depuis une soixantaine d'années, le traitement biologique de la schizophrénie a fait d'immenses progrès. Il repose principalement sur la prescription d'antipsychotiques, qui exercent une action plus ou moins large sur l'ensemble des symptômes de la maladie. Tous ont également des effets secondaires. Le choix du traitement antipsychotique est un élément clé dans la prise en charge du patient schizophrène et il faut parfois essayer plusieurs molécules avant de trouver celle qui produit les meilleurs résultats. L'apparition récente des antipsychotiques atypiques permet une meilleure tolérance et parfois une meilleure efficacité. Le traitement antipsychotique doit être maintenu pendant toute l'évolution de la maladie et son interruption intempestive fait courir un risque presque certain de rechute. Tout cela doit être bien expliqué au patient et à son entourage afin que l'évolution de la maladie soit la meilleure possible.

Médicaments antipsychotiques

DCI [1]	Nom commercial et formes pharmaceutiques
amisulpride* (AA)	Solian, cp séc 100, 200 et 400 mg sol inj 200 mg / sol buv 1 ml = 100mg
aripiprazole (AA)	Abilify, cp 10 et 15 mg
chlorpromazine	Largactil, cp séc 25 et 100 mg, sol buv 1 gtte = 1 mg, sol inj 25 mg
clozapine* (AA)	Leponex, cp séc 25 et 100 mg
cyamémazine	Tercian, cp séc 25 et 100 mg, sol buv 1 gtte = 1 mg, sol inj 50mg
flupentixol	Fluanxol, sol buv 1 gtte = 1 mg
flupentixol (décanoate)	Fluanxol LP, sol inj 20 et 100 mg
fluphénazine	Moditen, cp 25 et (séc) 100 mg
fluphénazine (décanoate)	Modécate / sol inj 25 et 125 mg

(1) DCI : Dénomination Commune Internationale

DCI [1]	Nom commercial et formes pharmaceutiques
fluphénazine (énantate)	Moditen action prolongée, sol inj 25 et 100 mg
halopéridol	Haldol, cp 1, 5 et 20 mg sol buv 1 gtte = 1 mg (20mg/ml) et 10 gttes = 1 mg (2mg/ml) / sol inj 5 mg
halopéridol (décanoate)	Haldol decanoas / sol inj 50 mg
lévopromazine	Nozinan, cp séc 25 et 100 mg sol buv 1 gtte = 1 mg / sol inj 25 mg
loxapine	Loxapac, cp 25 et 50 mg sol buv 1 gtte = 1 mg / sol inj 50 mg
olanzapine (AA)	Zyprexa, cp 5, 7.5, 10, 15 et 20 mg / sol inf 10 mg
perphénazine (énantate)	Trilifan Retard, sol inj 100 mg
pimozide	Orap, cp 1 et 4 mg
pipampérone	Dipipéron, cp 40 mg / sol buv 10 gttes = 20 mg
pipotiazine	Piportil, cp séc 10 mg / sol buv 1gtte = 1 mg
pipotiazine (palmitate)	Piportil L4, sol inj 25 et 100 mg
propériciazine	Neuleptil, gél 10 mg, cp séc 25 mg sol buv 1% (1 gtte = 0,25 mg) sol buv 4% (1 gtte = 1 mg)
rispéridone* (AA)	Risperdal, cp séc 1, 2 et 4 mg sol buv 1 ml = 1 mg RisperdalConstat LP - sol inj 25, 37.5 et 50 mg
sulpuride*	Dogmatil, gél 50 mg, cp séc 200 mg sol buv 1 c à c = 25 mg / sol inj 100 mg
tiapride*	Tiapridal, cp séc 100 mg sol buv 1 gtte = 5 mg / sol inj 100 mg
zuclopenthixol (dichlorhydrate)	Clopixol, cp 10 et 25 mg sol buv 1 gtte = 1 mg
zuclopenthixol (décanoate)	Clopixol Action Prolongée , sol inj 200 mg
zuclopenthixol (acétate)	Clopixol Action Semi-Prolongée sol inj 50 et 100 mg

(1) DCI : Dénomination Commune Internationale

abréviations : cp : comprimés, gél : gélules, gtte : gouttes,
LP : libération prolongée, séc : sécable, sol buv : solution buvable,
sol inj : solution injectable

AA : antipsychotique atypique

* : produits commercialisés également sous forme générique

« La psychanalyse n'est pas bonne pour les schizophrènes. »

À tous les repas pris en commun nous invitons la liberté à s'asseoir. La place demeure vide, mais le couvert reste mis.

René Char, *Fureur et mystère*, 1966

On dit en citant Freud que la psychanalyse n'est pas bonne pour les schizophrènes. Celui-ci, il est vrai, n'a guère parlé des psychoses*, comparativement à l'hystérie, le fil conducteur de son travail. La psychose est depuis considérée par beaucoup comme une contre-indication de la psychanalyse car le schizophrène est réputé trop peu investi dans la réalité commune et trop marqué par le narcissisme du premier âge de la vie pour se montrer capable de transfert. Les premiers travaux des psychanalystes américains, moins timorés face à la psychose, ont montré en revanche que les schizophrènes font un transfert si massif qu'il en devient dangereux, très menaçant et intrusif pour le patient, et très envahissant pour le thérapeute. Avant de commencer une cure, le psychanalyste propose quelques entretiens en face à face à son futur patient afin de repérer une psychose avérée ou de dépister un risque éventuel de décompensation. Il est par ailleurs admis que la psychanalyse seule n'a jamais guéri personne de la schizophrénie. Et pourtant, tout ce qui va suivre montre que la psychanalyse a eu en France une grande influence sur les psychiatres hospitaliers, qu'elle a toujours, une fois aménagée, ses indications chez les schizophrènes et que d'une façon plus générale la psychothérapie est une des composantes essentielles de leur prise en charge.

La psychanalyse propose un modèle théorique du fonctionnement psychique qui permet à celui qui en a fait l'expérience de mieux comprendre les interactions institutionnelles et les relations qu'il entretient avec les malades et leur entourage. Même s'il ne s'agit pas d'une psychanalyse à proprement parler, une psychothérapie faite en face à face avec un praticien formé à cette école permet un accompagnement propre à restaurer chez le patient schizophrène un peu de confiance en soi, à diminuer le stress, à adapter la hauteur de ses aspirations à ses aptitudes réelles et à sa situation, à savoir exprimer ses émotions autrement que par une recrudescence de ses troubles.

Loin en marge de la psychanalyse, mais avec une efficacité plus unanimement reconnue, les psychothérapies cognitives ciblent plus particulièrement l'un de ces aspects et visent moins la compréhension du monde intérieur que la réhabilitation sociale, l'apprentissage de stratégies relationnelles ou la reconnaissance des troubles. Elles se pratiquent en groupe, se montrent très efficaces comme appoint des neuroleptiques et donnent aux patients des « trucs » leur permettant de vivre leur vie de façon plus pragmatique.

Pour le psychanalyste, il apparaît assez évident que le processus schizophrénique, indépendamment de sa détermination biologique ou biographique, se manifeste aussi comme un ensemble de mécanismes de défense. Tout se passe comme si les relations qui normalement donnent du sens à l'expérience en établissant des liens étaient systématiquement mises à mal, frappées d'insignifiance, d'insanité. Parmi les diverses expressions utilisées pour qualifier ce phénomène, retenons ces deux-ci : attaque contre les liens (Bion) et pensée paradoxale (Racamier), car elles rendent le mieux compte à la fois de la tendance qu'a le schizophrène à systématiquement « brouiller les pistes » et de la grande difficulté qu'il éprouve à être en paix et penser librement.

Le chaos intérieur provoqué par cette déliaison est particulièrement communicatif et la psychanalyse apporte un éclairage certain sur la manière dont le schizophrène vit ses relations avec les autres. Dans les années soixante, un psychanalyste américain, Harold Searles, a montré que ce mécanisme de défense pouvait constituer de part et d'autre (le schizophrène et son entourage) un véritable, quoique inconscient, « effort pour rendre l'autre fou ». Face à son patient, le thérapeute a souvent lui-même le sentiment de ne pas exister, et cela, d'après Searles, précède généralement une phase où patient et thérapeute vont ressentir pareillement, de façon symbiotique, l'hostilité du monde, la haine ou l'amour. Les interprétations portent préférentiellement sur les émotions, moins peut-être celles du patient que celles que le thérapeute ressent à son contact (contre-transfert). Ce dernier laisse exister le patient et le patient reconnaît peu à peu son existence comme une personne indépendante. Le but de la psychanalyse n'est pas de rétablir à tout prix une norme mais de permettre à chacun d'exister individuellement comme un sujet, avec ses désirs propres et sa vie intérieure.

Il y a des interprétations qui peuvent être destructrices. On sait notamment depuis les travaux de Lacan combien les schizophrènes sont fragiles vis-à-vis de la question du père, et comment il est préférable pour éviter toute décompensation délirante de se garder des interprétations œdipiennes. Celles-ci peuvent se cacher derrière les effets du langage : il ne faut jamais perdre de vue que les mots ont toujours plusieurs sens à la fois et qu'ils peuvent être chez le schizophrène pris au pied de la lettre, pour la chose. Benedetti a montré que les meilleures interprétations jaillissaient souvent de l'inconscient du thérapeute comme des images qui dans un assemblage étonnant transforment de façon poétique le vécu du patient en lui donnant un sens nouveau.

Tout n'est pas ici qu'affaire de langage et de relations interpersonnelles. En deçà d'elles, le corps vécu et l'environnement ont une importance considérable. Pour être en paix, avec soi et avec les autres, il faut d'abord être, suivant l'expression de Kestemberg, « d'accord avec son corps ». Le schizophrène, un adolescent troublé à la puberté par sa métamorphose corporelle et l'irruption de la sexualité dans son monde, ou un adulte toujours questionné par la différence des sexes, manque de cette confiance originaire que garantît un schéma corporel intègre et non pas constamment menacé comme le sien par la dissolution ou une faille. Gisela Pankow voyait dans la nécessité de restaurer l'image du corps et la continuité de l'espace vécu une étape préalable à la psychanalyse des schizophrènes. Si tous n'utilisent pas comme elle une médiation artistique (le dessin, la pâte à modeler), quelques psychanalystes prennent des schizophrènes en analyse et aménagent le dispositif analytique en tenant compte de leur vulnérabilité. Racamier conseille de ne pas utiliser le divan, il insiste sur la présence effective du thérapeute qui doit maintenir un contact visuel et participer activement à la construction d'une réalité commune, notamment par le biais de ce qu'il appelle des « actions parlantes ». Le thérapeute agit en intervenant sur un élément de la réalité commune pour mieux différencier ce qui tient du fantasme et ce qui se joue dans la réalité effective, ou bien encore affirmer la limite qui sépare la vie intérieure du patient de la sienne. Pour Vassilis Kapsambelis, il est fréquent qu'au décours d'une crise le schizophrène ayant retrouvé un espace plus structuré réinvestisse son corps propre au travers de préoccupations hypocondriaques*. On peut voir dans la structuration de l'espace vécu la garantie d'un espace propre de pensée et dans la restauration du plaisir de penser l'effet le plus attendu de la psychothérapie dans la schizophrénie.

Qu'elle soit d'inspiration psychanalytique ou cognitive, la psychothérapie est dans la schizophrénie rarement un traitement isolé, elle est le plus souvent associée à une autre forme de prise en charge, sociale et médicamenteuse (co-thérapie). Le psychanalyste invite la liberté à sa table et cherche à garantir au sujet un espace depuis lequel il puisse à nouveau exister et se saisir lui-même comme tel.

« C'est la famille qu'il faut soigner, pas le schizophrène. »

Toutes les familles heureuses le sont de la même manière, les familles malheureuses le sont chacune à leur façon.

Léon Tolstoï, *Anna Karénine, 1877*

En ce qui concerne la famille et la schizophrénie, deux croyances erronées sont à renvoyer dos à dos : la première est que les parents sont la cause essentielle de la maladie de l'enfant, la deuxième est que la maladie de l'enfant est la cause unique du malheur des parents. Si la première est injustement hostile vis-à-vis de parents qui dans la grande majorité des cas sont écrasés par l'angoisse et font ce qu'ils croient bon pour leur enfant, la deuxième permet parfois à ces mêmes parents de ne pas se questionner vis-à-vis de leur propre histoire. On dépasse ces deux croyances en comprenant que même si l'on repère chez elle quelque trait d'ordre général, chaque famille malheureuse l'est à sa façon. Dans chaque famille, l'intrication des biographies à ce malheur commun qu'est la maladie est singulière.

Les toutes premières théories portant sur le rôle joué par la famille dans la maladie ont été très hostiles aux parents. Le concept de « mère schizophrénogène », développé aux USA par la psychanalyste Frieda Fromm-Reichmann est né dans les années trente : le « terrible rejet » que le schizophrène aurait subi dans son enfance de la part d'une mère manquant de chaleur ferait de lui un individu méfiant et plein de ressentiments envers les autres. Cette théorie fait son chemin dans les années cinquante chez Théodore Lidz, l'un des pères fondateurs de la thérapie familiale des schizophrènes. Sous des aspects plus nuancés impliquant la dynamique familiale dans son ensemble, les parents sont encore stigmatisés dans des écrits théoriques, mais ils sont aussi écoutés dans une pratique quotidienne qui les implique dans la guérison de leur enfant. Pour Lidz, il y a deux types de familles : biaisé et schismatique. Dans le type biaisé, la mère semble imperméable aux besoins des autres membres de la famille comme individus séparés, elle est très intrusive et la venue d'un fils comble chez elle un vide ; le père, très passif, fournit un modèle médiocre à son fils et ne s'oppose pas à l'éducation aberrante de sa femme, il se comporte parfois vis-à-vis de son fils comme un rival. Dans le type schismatique, les parents sont en conflit permanent et chacun sape la valeur de l'autre aux yeux de l'enfant tout en lui demandant son appui ; la mère, ici la plus passive, trouve peu de sens à la vie et n'a pas été désirée en tant que fille, elle ne parvient donc pas à garantir à sa propre fille un minimum d'estime de soi ; quant au père il est dominateur mais doute de sa virilité, enseigne donc la méfiance à son enfant. Ces relations typiques, souvent intriquées, avaient besoin d'un modèle général. C'est Gregory Bateson qui l'apporte en proposant sa théorie du « double lien » (*double bind*). On peut décrire avec des mots simples cette forme pathogène de communication. L'un des parents affirme quelque chose à l'enfant, tout en le contredisant aussitôt par un geste ou un ton inadéquat, et l'enfant est mis par quelque énoncé supplémentaire dans l'impossibilité de sortir de ce processus ; quoiqu'il fasse, il ne peut pas être gagnant : soit il croit ce qu'on lui dit et nie ce qu'il voit, ce qui le pousse à se couper de la réalité, soit il croit ce qu'il voit et il se coupe alors de la relation avec l'adulte. Dans cette conception, le point important est que la schizophrénie n'est plus vue comme la maladie d'un individu isolé mais comme un trouble de la communication intra-familiale, le symptôme de la famille toute entière. On envisage ici la famille comme un système logique, d'où le terme de « systémique » qui qualifie généralement ces thérapies.

Ces théories, outre le fait qu'elles ont été très culpabilisantes pour les familles quand on les appliquait à la lettre, ne laissent guère de place au sujet, elles ont aussi le défaut de n'être que très peu spécifiques. Rares sont les familles, si tant est qu'il y en ait, qui n'ont jamais placé un de leurs membres dans une situation de double lien. Les thérapeutes familiaux aujourd'hui s'orientent de plus en plus vers un simple accompagnement des familles, prennent en compte leur détresse et les considèrent comme de véritables auxiliaires thérapeutiques. Deux courants ont apporté ici de précieux compléments, quoique parfois très critiques, à la théorie systémique. L'un, cognitivo-comportementaliste, insiste sur les « émotions exprimées » : le taux de rechutes est statistiquement plus important dans les familles à « forte expression émotionnelle ». On propose aujourd'hui aux familles dans un but préventif des modules psycho-éducatifs (programmes type « profamille » ou « PACT ») apportant une information sur la maladie et des séances d'entraînement à la communication, à la résolution de problèmes, à la gestion des crises et du stress. L'autre courant, d'inspiration psychanalytique et philosophique, prend en compte le contexte de la maladie dans son ensemble (thérapie dite « contextuelle ») et la dimension éthique de toute relation humaine (« éthique relationnelle »). Elle fait appel aux ressources propres de la famille et inspire notamment la démarche de l'équipe rapide d'intervention et de crise (ERIC) mise en place dans les Yvelines par Serge Kannas. Ce type d'intervention, qui rappelle sur le plan pratique ce que préconise le psychiatre australien McGorry pour prévenir la chronicité, essaie de résoudre l'urgence en développant la créativité spécifique du milieu humain dans lequel elle survient. Ce sont ici les soignants qui se déplacent à domicile pour apporter un soutien professionnel à la famille et « l'aider à aider » elle-même le patient dans le but d'éviter l'hospitalisation ou tout au moins d'en raccourcir l'impact sur l'évolution ultérieure. L'hospitalisation en effet, si elle permet parfois un éloignement salutaire, donne parfois aux familles un sentiment d'impuissance alors qu'elles ne demandaient qu'à être impliquées dans les soins et en ont été écartées par l'équipe soignante. Dans tous les cas, le soutien apporté aux familles en période de crise doit tenir compte des solutions qu'elles ont elles-mêmes envisagées antérieurement. Il s'agit de renforcer l'alliance thérapeutique et d'aider chacun à comprendre la nature des événements qui ont conduit à la crise ou se masquent derrière la chronicité. La nature de ces événements renvoie parfois à des questions de loyauté ou plus généralement de valeurs, posant ainsi la question de la légitimité de la place de chacun au sein de la famille.

La coopération avec la famille doit faire partie du programme de soins dès les premiers signes de la maladie. Le but n'est pas tant de soigner la famille que de l'intégrer au processus thérapeutique, de l'écouter et de la soutenir en reconnaissant sa compétence. Il s'agit, en respectant son système de valeurs, de l'aider à aider le patient en période de crise au travers de réponses concrètes tout en favorisant son individuation et son autonomie progressives.

Conclusion

Nous avons tenté de décrire, trop brièvement sans doute, quelques aspects fondamentaux des problèmes posés par la schizophrénie. Bien des idées reçues sur la maladie comme sur les personnes qu'elle touche nous sont apparues dignes d'intérêt. Même quand ces idées se sont avérées fausses, elles ont fait valoir un angle de vue, un aspect spécifique. Si par exemple la schizophrénie n'est pas le dédoublement de la personnalité comme on le croit souvent, elle est bel et bien le résultat d'une difficulté éprouvée par le sujet à rassembler la totalité de son expérience en une unité. Cela nous a permis de comprendre au fil des pages que l'unité de notre vie mentale, nous la trouvons naturellement dans l'unité de notre corps. En suivant le fil du sens commun, en distinguant l'imaginaire de la réalité extérieure, en prenant la parole dans la conversation, en se sentant naturellement à notre place dans le monde, face à autrui et à nous-même, bref, en mettant notre subjectivité sans cesse et chaque jour à l'épreuve de la vie quotidienne. La schizophrénie, en fin de compte, c'est avant tout une maladie qui questionne le sujet et sa façon d'être au monde, un handicap invisible qui atteint principalement la capacité d'une personne à être réellement autonome et à s'insérer naturellement dans la vie sociale.

Après un bref rappel de la situation de la schizophrénie parmi les autres maladies mentales, et de la description qu'en a faite Bleuler après Kraepelin, nous nous sommes intéressés en premier lieu aux voix et aux hallucinations parce qu'elles nous semblaient très significatives des difficultés du sujet à préserver son intimité et à penser librement. Nous avons aussi insisté sur l'importance du syndrome déficitaire parce qu'il est, contrairement au délire*, le noyau dur de la maladie, celui qui se manifeste déjà au tout début, et qui marque ce que Minkowski appelait la perte du contact vital avec la réalité. Notre attachement à la réalité est pour ainsi dire affectif, il est profondément naturel, n'a pas besoin d'être pensé pour exister. Dans le cas de la schizophrénie, c'est le contraire : le sujet est obligé de faire constamment des efforts pour avoir une identité et donner du sens à son existence quotidienne.

En termes de chiffres, la schizophrénie apparaît comme un enjeu majeur de santé publique. Elle touche 500.000 personnes en France, principalement des adolescents et des adultes jeunes. Sa prévention passe par des campagnes d'information auprès des médecins et des familles, par une meilleure connaissance de ses prodromes et un traitement que l'on souhaite de plus en plus précoce. S'il est faux de penser que les facteurs environnementaux sont la cause principale de la maladie, s'il est de plus en plus évident que la schizophrénie est une maladie du cerveau, dans laquelle sont impliqués des facteurs neuro-développementaux, si la schizophrénie est retrouvée avec la même fréquence dans tous les pays et sous tous les climats, il semble néanmoins vrai que la culture, la qualité des liens familiaux et de la prise en charge thérapeutique initiale, la possibilité de travailler comme les autres ont une influence certaine sur son évolution.

Il n'y a pas de gène de la schizophrénie. Comme dans bien des maladies polyfactorielles, la génétique moléculaire montre tout au plus certaines anomalies mineures susceptibles de définir une plus grande vulnérabilité à la maladie. Avec l'aide des méthodes d'imagerie fonctionnelle, on cherche aujourd'hui à mieux définir au niveau du cerveau quelles sont les zones éventuellement impliquées dans les troubles. On a aussi une idée plus précise des neuromédiateurs qui entrent en jeu dans l'apparition des symptômes. Même si elle reste dominante, l'hypothèse dopaminergique ne règne plus en maître exclusif, elle ne permet pas à elle seule de rendre compte de l'efficacité des nouveaux traitements neuroleptiques. Aucune hypothèse d'ailleurs ne permet isolément de rendre compte de l'éclosion des premiers signes de la maladie ou de leur installation dans la chronicité. L'exemple du cannabis, qui tout au plus peut jouer un rôle de révélateur mais retarde la guérison en favorisant la déréalisation, est ici très parlant.

La schizophrénie aujourd'hui doit être considérée comme une maladie curable. Les traitements neuroleptiques, dits atypiques car ils n'ont plus les mêmes effets que leurs prédécesseurs sur les muscles et la vigilance, jugulent rapidement les états délirants et sont d'une bien plus grande efficacité qu'eux sur les signes déficitaires*. Ils ne sont cependant pas sans inconvénient aucun et une bonne information auprès du patient améliore le respect et le suivi de l'ordonnance. Le comportement des médecins vis-à-vis de la maladie et de la personne est en train de changer : on énonce plus volontiers le diagnostic car on n'attache plus systématiquement à la schizophrénie l'image d'une maladie inéluctablement déficitaire ; la relation médecin/malade devient de type participatif, comme dans d'autres maladies chroniques ; on soigne de plus en plus précocement, quitte à revenir sur le diagnostic si tout rentre dans l'ordre. Mais il n'en va pas de même encore dans la population générale, vis-à-vis de laquelle un effort pour lutter contre la stigmatisation doit être encore accompli. Il est en effet essentiel, maintenant que la notion de handicap psychique est officiellement reconnue, de favoriser l'insertion des patients en milieu de travail, renforcer les possibilités de formation professionnelle, de leur permettre d'accomplir un parcours de vie égal à celui des autres, tout en reconnaissant une différence que beaucoup revendiquent car elle est aussi une richesse potentielle, un style de vie, une façon détachée de voir le monde. C'est dire aussi la place majeure que devraient occuper à l'avenir les associations d'usagers, la psychothérapie et le soutien aux familles.

ANNEXES

Glossaire

(Symptômes et formes cliniques de la schizophrénie)

Ambivalence : tendance à faire coexister et s'exprimer ensemble, comme s'ils étaient une unité vécue dans le même instant, des jugements opposés, des idées ou des sentiments contraires (le bien et le mal, le bon et le mauvais, exemple : « je t'haime »). C'est, quand il ne s'agit pas simplement de poésie, un des quatre signes cardinaux du syndrome de dissociation psychique.

Apragmatisme : incapacité psychique de maintenir une activité et un comportement adapté à la réalité du travail et aux besoins pratiques de la vie quotidienne.

Asthénie : difficulté à l'effort avec impression subjective de fatigue. Elle est dite par Blankenburg « transcendantale » dans la schizophrénie car elle est la conséquence des efforts que fait le sujet pour donner du sens à la vie en reprenant à son propre compte ce qu'il rencontre dans le monde (ce qui définit l'activité dite « transcendantale » de la conscience).

Autisme : à la fois repli sur soi et fuite de la réalité extérieure, l'autisme est un des signes cardinaux de la dissociation. Décrit par Bleuler au sujet de la schizophrénie, le terme a été repris par Kanner pour qualifier également les psychoses infantiles. L'autisme peut être dit « riche », quand il est habité par le délire, ou « pauvre », quand il se manifeste essentiellement par un grand vide intérieur. Ce dernier est considéré par Minkowski comme le noyau dur de la schizophrénie.

Automatisme mental : syndrome décrit par Gaétan de Clérambault associant des hallucinations verbales (insultes, ordres, commentaires des actes), un écho ou un sentiment de vol ou de devinement de la pensée, le sentiment permanent d'être regardé, des impulsions entraînant des tics ou des stéréotypies (voir ce terme) parasitant la motricité volontaire du patient, et de multiples autres hallucinations. On parle de grand automatisme mental quand tous ces signes sont présents, de petit automatisme quand les troubles sont plus discrets, faits d'étrangeté vécue et d'un simple dévidage passif de la pensée. Dans tous les cas, le sujet ne se sent plus tout à fait libre de penser et a le sentiment que sa vie intérieure n'est plus protégée vis-à-vis du monde extérieur. Il alimente souvent un délire d'influence, mais il peut être isolé, sans délire constitué.

Barrage : brusque interruption du discours liée à un trouble profond du cours de la pensée.

Catatonique / Catatonie : syndrome caractérisé par une perte de la spontanéité et de l'initiative motrice, avec inertie et négativisme (voir ce terme). Si c'est parfois une forme clinique de la schizophrénie, elle n'en est pas spécifique et peut se voir aussi dans la mélancolie.

Déficitaire (symptôme ou syndrome) : qualifie une partie de la symptomatologie schizophrénique qui comporte notamment repli sur soi, indifférence, appauvrissement de la pensée, diminution de l'initiative et de l'activité.

Délire : construction psychique déréelle entraînant la conviction inébranlable du sujet. Il peut être systématisé, on le dit alors paranoïaque, ou désorganisé, comme dans le délire paranoïde (voir ces termes) typique de la schizophrénie et des bouffées délirantes.

Dépersonnalisation : état psychique particulier marqué par un vécu d'étrangeté au cours duquel la personne perd le sentiment de sa propre réalité ou ressent son propre corps comme irréel. Elle est souvent associée dans la schizophrénie à un sentiment d'étrangeté de la réalité extérieure (déréalisation).

Discordance : défaut d'harmonie entre la pensée, les sentiments et leur expression (le sourire immotivé par exemple) entraînant une incohérence générale des symptômes, caractéristique de la schizophrénie. Chaslin, ignorant les travaux de Bleuler (parus en 1911), la décrit en 1912 à propos de la démence précoce. Par la suite, les manuels de psychiatrie l'intègreront comme un des signes cardinaux de la dissociation.

Dissocié / Dissociation : désorganisation du cours de la pensée marquée par un défaut d'unification et de synthèse, ainsi qu'un relâchement des processus associatifs. Traduit le mot de Spaltung employé par Bleuler. Selon la définition qu'on lui donne, son rôle central dans la schizophrénie et son caractère pathologique sont contestés.

Érotomanie : illusion délirante d'être aimé. Décrite par de Clérambault, c'est typiquement une forme de paranoïa dont l'évolution en trois périodes (espoir, dépit, rancune) mène inéluctablement à une agressivité, parfois meurtrière, vis-à-vis de l'objet, lui-même généralement d'un rang social supérieur. Dans la schizophrénie, le thème de l'érotomanie s'exprime dans un délire beaucoup plus vaste et moins bien structuré, et le danger est bien moindre.

Hébéphrénie : forme clinique de la schizophrénie essentiellement marquée par un syndrome déficitaire (voir ce terme), avec inhibition psychomotrice, négativisme, et parfois des passages à l'acte impulsifs.

Hypocondrie / hypocondriaque : préoccupation exagérée de la personne pour son état de santé, se traduisant par la crainte d'avoir une maladie grave et des attitudes irrationnelles par rapport au corps.

Négativisme : comportement de refus et d'opposition aux sollicitations d'autrui (voir Catatonie).

Néologisme : mot nouveau, créé de toutes pièces ou à partir de racines existantes. Chez les schizophrènes, ils sont le plus souvent bizarres et fabriqués à l'usage exclusif du malade. Les scientifiques en font aussi, mais dans le but de les partager au sein de leur communauté.

Paranoïa / Paranoïaque : se dit d'une personne délirante ou d'une personnalité pathologique marquée par l'orgueil et la rigidité. Le délire paranoïaque est bien construit et systématisé, il ne s'accompagne d'aucune détérioration intellectuelle. Pour mettre en garde le lecteur contre toute confusion, précisons que le mot de paranoïaque ne qualifie en aucun cas le délire des schizophrènes, même lorsque celui-ci se dit persécuté.

Paranoïde : qualifie un délire flou et incohérent, très désorganisé, sans systématisation ni construction logique, le plus souvent polymorphe quant à ses mécanismes et à ses thèmes. C'est le délire des schizophrènes, et lorsque ce dernier prédomine, une forme clinique de la schizophrénie.

Psychose : maladie mentale grave atteignant globalement la personnalité du patient. Se définit classiquement par un déni ou un désintérêt pour la réalité, auquel participe un défaut de conscience du trouble. S'oppose classiquement à la névrose, terme que l'on réserve à des formes plus légères de souffrance morale où la conscience du caractère pathologique des signes est bien nette.

Psychose schizo-affective : forme de psychose paranoïde évoluant suivant des périodes d'exaltation ou de dépression entrecoupées d'accalmies plus ou moins longues et vierges de symptômes majeurs. Elle associe des signes de psychose maniaco-dépressive et des signes de schizophrénie.

Spectre schizophrénique : rassemble la schizophrénie et tous les troubles qui, par un noyau psychopathologique commun, s'en rapprochent (schizoïdie, schizotypie, psychose schizo-affective - voir ce terme).

Stéréotypies / Activités stéréotypées : répétition inadaptée et quasi automatique d'un mot, d'une expression, d'un geste ou d'une attitude (voir Automatisme mental).

Syndrome de Ganser : trouble se manifestant par des réponses à côté, un trouble de la mémoire et de la conscience, ou tout au moins une incapacité à se servir de ce que l'on sait, une désorientation. Se voit parfois dans la schizophrénie, mais est considéré comme plus typique de l'hystérie ou de la simulation.

Pour aller plus loin

De très nombreux ouvrages ont été consacrés à la schizophrénie. Nous ne pouvons citer tous ceux qui le mériteraient. Nous proposons ici quelques titres qui par leur caractère didactique, leur valeur scientifique ou historique permettront au lecteur de se faire une idée plus précise de ce qu'est la schizophrénie en théorie ou au quotidien.

Témoignages

- *Un voyage à travers la folie*, Mary Barnes & Joseph Berke, Joseph, Seuil, 1971 : récit d'une expérience vécue dans la communauté thérapeutique de Kinsley Hall à Londres.
- *Comment réussir sa schizophrénie*, Robert Dôle, VLB Editeurs, 2000 : le témoignage vécu et anti-conformiste d'un schizophrène devenu professeur d'anglais à l'Université du Québec.
- *Le Schizo et les langues*, Louis Wolfson, NRF, Gallimard, 1970 : la vie quotidienne d'un schizophrène épris de langage, qui se surnomme lui-même dans son livre « l'étudiant d'idiomes déments », écrit son livre directement en français par refus de sa langue maternelle et utilise d'étonnants procédés pour souffrir un peu moins en créant son propre code.
- *L'Enfant du silence. Histoire d'une schizophrénie,* Françoise Salomon, Odile Jacob, 1998 : membre de l'UNAFAM, l'auteur, mère d'un enfant schizophrène, raconte ce qu'elle a vécu au quotidien, comment la maladie peut bouleverser non seulement le monde et l'équilibre du patient lui-même, mais aussi celui de sa famille toute entière confrontée comme lui à la violence et à l'exclusion, et comment on peut encore trouver de l'espérance.
- *La Schizophrénie*, Catherine Tobin, Odile Jacob, 2004 (3ème édition) : écrit par une journaliste, sœur de malade, contient de nombreuses informations pratiques.

Ouvrages didactiques

- *La Schizophrénie débutante*, Henri Grivois & Luigi Grosso, John Libbey, 1998 : ouvrage remarquablement clair et documenté rassemblant les propositions thérapeutiques les plus innovantes et les découvertes récentes dans le domaine des neurosciences en les mettant en perspective avec les travaux classiques, mais méconnus en France, d'auteurs comme Conrad ou Arieti.

- *Les Schizophrènes*, Paul-Claude Racamier, Payot Poche, 2001 : comment on peut interpréter le comportement, si paradoxal, des schizophrènes. Livre écrit dans un style flamboyant par un psychanalyste qui a longtemps dirigé une structure hospitalière ambulatoire, il donne une idée très claire des mécanismes de défense en jeu dans la schizophrénie tout en respectant profondément la valeur, même lorsqu'elle se cache derrière le négativisme, de leurs choix personnels.
- *Le Fou et le mouvement du monde*, Henri Grivois, Grasset, 1995 : une approche singulière de la psychose naissante. L'auteur décrit l'expérience de centralité dans laquelle le patient a le sentiment que sa présence physique concerne désormais tous ceux qu'il côtoie et qu'il est, seul, au centre de l'espèce humaine. C'est pour l'auteur une urgence psychiatrique d'autant plus réversible qu'on la prend en charge au moment de son éclosion.
- *Les Troubles schizophréniques. Vivre et Comprendre*, David Gourion & Anne Gut-Fayand, Ellipses, 2004 : un ouvrage simple et pratique.

Ouvrages plus spécialisés

- *Schizophrénies débutantes. Diagnostic et modalités thérapeutiques*, Sous la direction de F. Petitjean et M. Marie-Cardine, John Libbey, 2003 : rassemble les travaux de la conférence de consensus de 2003. Des experts répondent aux questions actuellement en jeu sur les modèles théoriques étiopathogéniques de l'affection, les programmes thérapeutiques et les médicaments les mieux adaptés, les moyens et l'intérêt de l'intervention précoce. L'idée générale est qu'une intervention précoce et adaptée permet d'améliorer le pronostic de la maladie. Source de nombre de nos références.
- *La Perte de l'évidence naturelle*, Wolfgang Blankenburg, PUF, 1991 : étude phénoménologique à partir d'un cas, remarquablement fidèle et détaillé, autobiographique. Anne dit avoir perdu ce qu'elle appelle l'évidence naturelle, ce qui permet aux autres de vivre normalement dans la vie quotidienne en suivant le sens commun. L'auteur, psychiatre et philosophe,

en extrait les caractères essentiels du noyau psychopathologique de la schizophrénie.

- *La Schizophrénie*, Eugène Minkowski, Petite Bibliothèque Payot, 1997 : écrit en 1927, l'ouvrage reste la référence de ceux qui cherchent à comprendre de l'intérieur l'existence propre des schizophrènes. L'auteur, en décrivant le sentiment de vide qui caractérise l'autisme, développe la notion clinique toujours essentielle de « perte du contact vital avec la réalité ».
- *Neuropsychologie de la schizophrénie*, Christopher Frith, PUF, 1996 : propose un modèle neuropsychologique de la schizophrénie impliquant les processus de rétrocontrôle de l'action. Une attention particulière est accordée aux anomalies cérébrales.
- *Psychothérapie cognitive des psychoses*, Olivier Chambon & Michel Marie-Cardine, Masson, 1993 : pour mieux connaître les diverses techniques de psychothérapie cognitive.
- *La Schizophrénie*, Nicolas Georgieff, Dominos Flammarion, 1995 : un essai théorique très sérieux mettant en relation psychanalyse et neurosciences dans la schizophrénie.
- *La Traite des fous. La construction sociale de la schizophrénie*, Robert Barrett, Synthélabo-Les empêcheurs de penser en rond, 1998 : l'auteur, sans nier la souffrance psychique, montre comment le cas clinique résulte toujours d'une construction théorique qui la remodèle en tentant de la saisir. Le meilleur ouvrage actuel d'anthropologie médicale sur le thème de la schizophrénie.
- *La Mort dans l'âme. Psychothérapie de la schizophrénie*, Gaetano Benedetti, ERES, 1995 : l'expérience schizophrénique est ici comprise par l'auteur, psychanalyste et phénoménologue suisse, comme un défi existentiel.

Sites internet

http://www.fnappsy.org : site de la fédération des associations de patients

http://www.unafam.org : le site de la fédération des associations de familles

http://www.schizosedire.com : bien documenté, de nombreux liens

http://www.atoute.org/n/article5.html : un forum ouvert à tous sur le thème de la schizophrénie

Derniers titres parus dans la même collection

Les Régimes, Hervé Robert
La Francophonie, Claire Tréan
Le Désert, Philippe Frey
L'Inde, Pascale Haag & Blandine Ripert
Les Médecins, Bertrand Condat
Le Terrorisme, Arnaud Blin
Les Palestiniens, Aude Signoles
Louis XIV, Yves-Marie Bercé
La Grèce antique, Philippe Jockey
L'Islam, 2e éd.,Paul Balta
Jésus, Denis Fricker
Les SDF, Véronique Mougin
La Laïcité, Pierre Kahn
Les Romains, Bertrand Lançon
La Famille, Michel Fize
L'Iran, Fariba Adelkhah
La Bible, Roland Meynet
La Sorcellerie, Lionel Obadia
Le Climat, Jean-Louis Fellous
La Science-fiction, Stéphane Manfrédo
Le Japon, Philippe Pelletier
Le Développement durable, Assen Slim
Le Bouddhisme, Bernard Faure
Le Moyen Âge, Laure Verdon
La Dépression, Bernard Granger
L'Espagne, Aline Angoustures
La Chine, Stéphanie Balme
Les Homosexuels, Gonzague de Larocque
L'Algérie, Georges Morin
Le Pétrole, Gilles Rousselot
Les Jumeaux, Muriel Decamps
La Lecture, Jacques & Éliane Fijalkow
L'Intégration, Azouz Begag
La Psychanalyse, Jean-Claude Liaudet
...

Pour connaître la liste complète des titres de la collection :
www.lecavalierbleu.com

Responsable éditorial : Marie-Laurence Dubray.
Remerciements de l'Éditeur à : Florence Condat, Marie-Amélie Léon, Pierr-Yves Charles.
Imprimé en France en février 2006 sur les presses de l'imprimerie Darantiere à Quetigny.

ISBN 2-84670-130-X / Dépôt légal : mars 2006.
N° d'impression : 26-0325.